Pilar # 2 "La Finanza"

PARA SOSTENER UNA RELACIÓN
SALUDABLE Y ESTABLE

RUBÉN B. HEADLEY
GRISELDA J.DE HEADLEY |

DERECHO DE AUTOR

Contenido

DERECHO DE AUTOR 2

TÍTULO 8

    PILAR #2 8

    "LA FINANZA" 8

DEDICATORIA...10

EPÍGRAFE 12

PRÓLOGO..14

PROPOSITO DEL LIBRO..................................16

INTRODUCCIÓN 18

CAPITULO 1 22

    Construyendo El Pilar #2 para sostener una Relación Saludable y Estable...22

        Elementos que integran una Finanza Saludable y Estable en la relación...................................26

        La Comunicación:...26

        La Planificación:..26

        El Conocimiento:...27

CAPITULO 2 28

Significado de Finanzas 28

CAPITULO 3 32

    ESTABLECER OBJETIVOS 32

        Protección: 34

Fondos de emergencias: 34

DECISIONES INFORMADAS 35

Inversión: 37

Cumplimiento de impuestos:.....................................41

Jubilación: 41

Liquidez:..42

Planificación: 42

Monitoreo y reevaluación:.......................................42

CAPITULO 4 44

Objetivos de los casos 44

Dinámica de Análisis de Casos 48

CAPITULO 5 52

Caso # 1 52

¿Quién es el responsable de las finanzas en el hogar?........52

ANÁLISIS DEL CASO #1 60

CAPITULO 6 66

Caso # 2 66

Una Belleza escondida 66

ANÁLISIS DEL CASO #2 74

CAPITULO 7 82

CASO #3 82

Cambio de Carácter 82

ANÁLISIS DEL CASO #3 90

CAPITULO 8 98

CASO #4 98

Perdiendo ver la luna, por mirar la estrella fugaz. 98

ANÁLISIS DEL CASO #4 108

CAPITULO 9 114

CASO #5 114

"Regalos y detalles" 114

ANÁLISIS DEL CASO # 5 122

CAPITULO 10 130

CASO #6 130

"Un secreto Descubierto" 130

ANÁLISIS DEL CASO #6 138

CAPITULO 11 144

CASO #7 144

"Una mente dominante" 144

ANÁLISIS DEL CASO #7 150

CAPITULO 12 156

CASO #8 156

Unidos por interés 156

ANÁLISIS DEL CASO #8 164

CAPITULO 13 170

CASO #9 170

    MARLENIS Y CLAUDIO..170

    Una mujer Autosuficiente 170

ANÁLISIS DEL CASO #9 178

CAPITULO 14 184

    CASO #10 184

    Una ayuda que trae más problemas 184

ANÁLISIS DEL CASO #10 194

CAPITULO 15 200

    ORIGEN DEL PROBLEMA 200

CAPITULO 16 208

    PATRONES DE ENDEUDAMIENTO........................208

CAPITULO 17 214

    COSEJOS DE FINANZA EN LA RELACIÓN 214

CONCLUSIÓN 218

EPÍLOGO 222

AGRADECIMIENTO...224

TÍTULO

PILAR #2
"LA FINANZA"

CONSTRUYE LOS 3 PILARES PARA SOSTENER

UNA RELACIÓN SALUDABLE Y ESTABLE.

Rubén B. Headley

Griselda j. de Headley

DEDICATORIA

Dedico esta serie exclusivamente a las parejas que intentan preservar sus relaciones, y buscan los medios para lograr tal fin. Espero que sea de gran ayuda a los interesados y logren obtener los objetivos por el cual adquirieron este libro.

EPÍGRAFE

"Arranca la Raíz del mal árbol hoy; Y mañana no tendrás la desdicha de comer de sus frutos."

"Todo lo que el hombre siembra eso segará."

"Ley de Causa y Efecto."

PRÓLOGO

Este libro fue escrito para que millones de parejas, puedan aprender a construir los 3 Pilares que sostienen una relación Saludable Y Estable. El que sigue este manual, podrá convertirse en un(a) excelente maestro(a), consejero(a), y pareja.

Las experiencias que lograrán adquirir en esta serie es la recopilación de años de consejería instruidas a las parejas que desearon Reforzar sus relaciones.

Te invito a que disfrutes de cada página de este libro.

PROPOSITO DEL LIBRO

"SER UNA PAREJA PERFECTA, NO SIGNIFICA AUSENCIA DE PROBLEMAS. SINO SABER SUPERARLO JUNTOS."

Esta serie, tiene como fin ser parte integral del primer libro ya publicado de la serie, **Los 3 Pilares para sostener una relación saludable y estable**, No. **1 "La comunicación"**. Si no lo has leído, te invito a que lo haga, para que tengas una secuencia en la serie completa.

De igual manera este libro tiene el propósito, de llevarte de una manera diferente, práctica y sencilla, de resolver situaciones complejas que se manifiestan en la relación por causa de la finanza, te ayudará a tomar las decisiones más precisas cuando necesites hacerla.

16

Sin duda alguna este libro te expandirá la mente y aclarará tu visión referente a llevar la finanza dentro de un hogar, el cual constituye uno de los 3 pilares esenciales para sostener una relación Saludable.

¡Imagínate ¡En una Relación bien Balanceada y equilibrada, después de conocer cómo construir los 3 Pilares que sostienen una relación Saludable!

INTRODUCCIÓN

Primeramente, me gustaría iniciar con varias preguntas.

¿La Mujer Debe? o Puede?, trabajar para sostener el hogar o la relación.?

¿El Hombre Debe? ¿O Puede? ¿Trabajar para sostener el hogar o la relación?

En estos tiempos modernos, hemos visto este tipo de escenarios en la relación, donde el dinero que entra ya no alcanza para sostener una familia o un hogar, y es donde la mujer toma la decisión para trabajar, y junto con su pareja hacer frente a los compromisos.

Si viajamos en el tiempo con nuestra mente, y vamos un poco hacia las épocas de nuestros antepasados, ya sea en la época primitiva, los tiempos medievales, o sencillamente un siglo atrás, lograremos observar que la

18

responsabilidad de la provisión siempre ha recaído sobre el Hombre.

Si bien es cierto hasta en la sagrada escritura Dios coloca la responsabilidad del hombre en el huerto, dándole la orden que él debía trabajar, y aun cuando desobedece Dios reafirma que con el sudor de su frente el Hombre iba a comer del pan.

Espero que hayas respondido correctamente las dos preguntas iniciales, de igual manera en este libro podrás responderlas una vez que lo termines de leer. Bajo tu propio criterio.

"El dinero no es suficiente cuando la necesidad crece", pero si crece los lujos no se llama necesidad, se llama Caprichos."

"Ser rico no es el que más tiene sino el que menos necesita"

"Cúbrete hasta donde tu manta alcanzó, si quieres cubrirte más los pies, entonces alarga tu manta"

No gastes tu dinero y mucho menos en cosas que no sean necesarias, solo para mostrarle a la gente que tu si puedes tenerlo o para hacerle creer a la gente que estas bien económicamente." Sería como echar tu dinero en saco rotos, nunca lo volverás a ver.

Al igual que en la primera serie entregada, también quedarán expuestos casos de la vida real, donde seguramente te podrás identificar con uno de ellos, y tomar las medidas pertinentes para que logres evitar cualquier tipo de situaciones que quieran presentarse.

Recuerda que la clave para evitar todos los orígenes del problema sigue siendo el mismo:

"Arranca de Raíz, al mal árbol hoy; para que no tengas la desdicha de comer de sus frutos mañana"

CAPITULO 1

Construyendo El Pilar #2 para sostener una Relación Saludable y Estable

La Finanza

Para entender este tema, es necesario comprender que la finanza tiene mucha definición, dependiendo del área que se quiera tratar, ya sea en una empresa, en un negocio, en una compañía, etc., pero este no es el caso. Hablaremos de las finanzas dentro de la relación, pero no enseñaremos matemáticas, contabilidad o algo parecido, lo que vamos aprender es el arte de resolver los problemas causado por la finanza dentro del hogar, ya sea que existiera abundancia, o escasez de ella dentro de la relación.

En mi primer libro, donde hablamos del Pilar #1 que es "La Comunicación", logramos ver que ese pilar para que logre ser efectivo en la relación, depende plenamente en las parejas y su madurez.

En cambio, este Pilar #2" La Finanza", está depende plenamente del Pilar #1, para que logre ser efectivo en la relación.

Aunque parezca irreal, cuando existe abundancia dentro de una relación, no da garantía de que se pueda sostener una relación saludable y mucho menos estable, sea por el motivo que se presente, tampoco se escapa de las razones de discusiones en el hogar.

En cambio, sí hay escasez es probable que la relación pueda estar pasando por un momento de estrés y por ende discusión.

Ahora Imagínate lograr un equilibrio perfecto con tu pareja, ya sea teniendo abundancia o escasez en tu relación.

Sin duda alguna, muchas veces te has preguntado como una relación puede verse más estable que la tuya, teniendo más recursos que ellos.

De igual manera has notado que hay relaciones que tienen facilidades económicas mejores que las tuyas, pero sus vidas carecen de satisfacción o felicidad. Pasa en las películas, pasan en las Novelas, pero también sucede en la vida real, muy cerca de nosotros.

La respuesta es simple y sencilla: **"No han podido construir de manera eficiente los 3 Pilares que sostienen una Relación Saludable y Estable"**

Elementos que integran una Finanza Saludable y Estable en la relación

De igual manera que trabajamos con los elementos en el primer libro: Pilar #1 "La Comunicación", es esencial que también tomemos en cuenta que, para tener una Finanza Saludable y Estable en la Relación, es importante conocer algunos de los elementos que lo integran, he tomado tres de lo más importante que debemos procurar que no falten:

La Comunicación:
Siempre será un factor importante en todos Pilares. Es la base principal del Triángulo que forma la Finanza en la relación.

En el primer libro conocemos ampliamente todos los detalles de este elemento, y sabemos cuáles son sus enemigos (Cizaña).

La Planificación:
Sin una planificación bien organizada y disciplinada sería imposible lograr una finanza Saludable y estable, por eso es importante sentarse con la pareja y utilizar

la comunicación verbal, para organizar los gastos que incurran a lo largo de la relación.

Su enemigo o Cizaña: La Desorganización, y la Falta de Comunicación.

El Conocimiento:

Una de la clave para llevar una Finanza Saludable y Estable en la Relación, precisamente es el conocimiento de lo que se desea obtener. Es nutrido por la información que se adquiere para tener un panorama más claro y más extenso al momento de actuar con los ingresos y egresos en la relación. También es importante para conocer los sentimientos y conceptos sobre su proceder al momento de adquirir una posesión y actitud frente a su pareja.

Su enemigo o Cizaña: La Desinformación y la Apatía.

Apatía: Estado de desinterés y falta de motivación o entusiasmo en que se encuentra una persona y que comporta indiferencia ante cualquier estimulo extremo.

CAPITULO 2

Significado de Finanzas

Como lo expresé en el capítulo anterior, cuando hablamos de finanzas, depende en que área vamos aplicar el conocimiento, ya sea en una empresa, en un negocio, en una compañía, pero en este caso hablaremos de la definición de finanzas personal en la relación.

Para mí antes de seguir, es imprescindible poder ofrecerle algunos detalles y herramientas, para que lo tengan como base, ya sea en el presente si no lo están llevando a cabo, o en un futuro donde necesites una orientación sobre el tema. Este libro será una herramienta esencial como parte de tu vida financiera. Seguir estos conceptos podrán llevarte a una manera de vida más simple y cómoda en tu relación personal.

Todos los consejos que recibirás a través de este libro, tal vez no lo necesitas hoy, o no lo comprendes ahora, pero sin duda alguna lo utilizarás después.

Finanza Personales:

Las finanzas personales son donde las cabezas de familias o la pareja en conjunto, logran administrar recursos a lo largo de la relación. En este caso podemos incluir, no sólo los ingresos y gastos recibidos o pagados durante la relación, sino que también la forma, herramientas o productos financieros que en la relación logren adquirir, para optimizar el manejo de sus recursos, para alcanzar un objetivo en común

CAPITULO 3

ESTABLECER OBJETIVOS

Esta enseñanza de finanzas Personal, tiene como objetivos ayudar a las personas y familias a que tomen decisiones "**informadas**", que permitan optimizar el manejo de sus recursos. Es muy importante, cuando nos encontramos en una relación, lograr comunicarse, para poder alcanzar una serie de objetivos mancomunados y prioritario como lo mencionaré en las siguientes líneas.

Protección:
 contar con una determinada cantidad de dinero intocable, para protección adecuada ante riesgos o imprevistos.

Una pareja responsable, debe proponerse tener un fondo de emergencia, y tener la disciplina de no tocarlo, olvidarse que existe y procurar mantener un balance positivo, para no tener la necesidad de incurrir a ello.

Fondos de emergencias:
Como lo describe la palabra, es utilizado solo para tipos de emergencia que la pareja acuerde, para lo que será utilizado en el momento que se les presenta. Un ejemplo de ellos sería: gastos médicos, Despidos inesperados, daños en el coche, etc.

DECISIONES INFORMADAS

Cuando hablamos de decisiones "**Informadas,**" comúnmente nos referimos a la orientación de la pareja en el momento de invertir su dinero, es decir concientizarla hacia la compra de **activos** que generen bienestar a corto y largo plazo en la relación, y no de **pasivos** que generen gastos a corto, mediano y largo plazo.

En Resumen: El escritor Robert Kiyosaki, define estos dos conceptos de una forma muy sencillas:

Activos: Es todo aquello que Introduce dinero a tu bolsillo. (También conocido como Ingresos o entradas de dinero)

Pasivos: Es todo aquello que saca dinero de tu bolsillo. (También conocida como Egreso o salida de dinero)

Dependiendo del objetivo o propósito por el cual algún elemento fue adquirido.

(Ejemplo: comprar una casa o un auto, puede convertirse en un **pasivo**, si solo se utiliza como lujo o necesidad, porque de esa manera las dos van a demandar gastos en energía y combustible y pagos de letras.

Pero se convierten en **activos** si las dos son usados para generar ingresos, es decir, alquiler de la casa, o utilizar el vehículo como forma de transporte para generar ingreso, ya sea mediante una plataforma, taxi o acarreo, etc.)

Para lograr llevar un buen control en la finanza personal en la relación, es importante que la pareja se siente y establezcan un Plan para establecer sus prioridades de gastos, y no cambiar su objetivo.

"Si no funciona el Plan, entonces lo Ideal es cambiar el Plan y no los objetivos".

¿Porque hago referencia en esto? Hay una gran frase que me gusta repetir.

"Las personas gastan dinero que no tienen, en cosas que no necesitan, para causar impresión a gente que ni le interesa."

Inversión:

Es lograr acumular o conseguir suficientes efectivo, mediante la compra de activos, qué influenciarán positivamente en la calidad de vida que se desea. Una vez hagas una inversión, entonces el siguiente paso es utilizar las ganancias para adquirir un bien deseado. Así, por ejemplo, pagar una carrera en la universidad (sin preocuparse por la mensualidad, ni pago anual, adquirir un coche sin necesidad de seguir pagando letra, igualmente una casa, o iniciar un negocio propio, etc.)

En lo personal, al principio de mi relación no conocía la importancia de estos conceptos, y la necesidad de ponerlas en prácticas. Recuerdo que unos años atrás, en un momento donde la economía del país estaba muy estable, teníamos los recursos necesarios para intentar hacer un cambio de ambiente, en lo que status social de vida se refiere, teníamos la intensión de irnos a mudar a un residencial muy exclusivo de nuestra ciudad, donde existían vivienda amplia y espaciosa a un buen precio para nosotros, era un complejo cerrado con piscina y área social, que podían disfrutar muy bien nuestros hijos. Ya habíamos hablado con el banco, solo era de dar el abono inicial para que fuera nuestra.

Nosotros decíamos que ya era momento de cambiar nuestro status de vida, y en lo personal quería hacer como dije en la frase de arriba, "Gastar el dinero que no tenía, en cosas que no necesitaba en el momento, para impresionar a las personas que no conozco". quería que supieran que pasábamos a otro nivel de vida. Es un error muy común que se repite en personas que vienen de un status social muy bajo, pienso que se trata de la autoestima.

Pues vivíamos en una barriada poco urbanizada. Nuestra entrada económica nos permitía hacerlo sin ningún tipo de problema, pero algo sucedió en el camino, las cosas no empezaron a ir bien, inició una línea de problemas en la empresa donde yo sigo siendo el dueño hasta hoy, pero las finanzas en ese momento empezaron a menguar y tuvimos que desistir a la idea de mudarnos a un residencial exclusivo.

Tiempo más tardes, aproximadamente 5 años después, empecé a conocer estos principios que te presento en este libro. Hoy día tenemos 3 casas propias, en diferente parte del país, la casa donde iniciamos nuestra relación, y criamos a nuestros hijos, también tenemos una casa de campo, y una que estamos construyendo que para final de este año nos mudaremos, y será la Principal con la que iré a vivir con la familia, tendrá su piscina y área social, y lo mejor de todo que la estamos construyendo a nuestro gusto. Tiene dos niveles, en cada nivel hay 225 mt2, sin deber nada de dinero a ningún banco, tenemos auto propio cancelado en su totalidad, y siempre la oportunidad de cancelar el año escolar de nuestros hijos. ¿Como fue posible? En este libro verás los consejos y aprenderás de las enseñanzas que nos dejarán las historias que veremos más adelante. Aunque tardamos un tiempo para ponerlo en práctica, una vez que conocimos este concepto, ya no tomamos decisiones apresuradas, simplemente vivimos según la oportunidad que se nos presenta. Cada vez que necesitamos hacer un gasto, primero nos sentamos, conversamos y analizamos lo bueno, lo malo y lo feo de lo que será la decisión que tomemos, después de hacer ese ejercicio ya estamos preparado para decidir. Esta manera de hacer las cosas nos ha ayudado a sostener una relación Saludable y Estable, gracias a **"La Comunicación"** y de cómo estamos llevando **"Las finanzas"**.

Pero antes de lograr llegar hasta este punto de equilibrio, mi esposa y yo teníamos mucho problema para ahorrar, cada vez que lo intentábamos a la larga nos consumíamos lo que habíamos guardado, luego nos sentamos analizar qué era lo que estábamos haciendo mal, o que nos impedía lograr nuestros objetivos de ahorros. Y concluimos lo siguiente:

"A mayor deuda y menor ingreso, menos es la capacidad de ahorrar." En otras palabras, lo primero que decidimos hacer era cancelar las deudas y gastos hormigas.

Los gastos hormigas son aquellos que no se sienten, ni se notan, pero que producían egresos de dinero cada quincena, por ejemplo: Préstamos informales, como prestamistas del 20% quincenal, reducimos las salidas nocturnas, también los gastos en restaurantes, nos dedicamos a cancelar el auto a la financiera, para evitar esa salida mensual, reducir el paso por el peaje de la autopista, hasta reducir gastos en fiestas de cumpleaños.

Todo eso lo hicimos como parte del sacrificio que nos correspondía para adquirir una finanza

Saludable y lograr ahorrar sin necesidad de volver a tocar lo guardado, añadido a eso, incrementamos nuestra entrada económica, mediante negocios por internet, que hasta la fecha nos dejan buenos dividendos.

Una vez te familiarices con este paso, es prescindible cumplir con los siguientes compromisos:

Cumplimiento de <u>impuestos</u>:
 es importante tener siempre los recursos para pagar a tiempo los impuestos y otros gastos exigibles por ley, para que más adelante no se acumulen los intereses, ni los pagos, ni compromisos bancarios que tengas en el momento para evitar los pagos extraordinarios, o las tasas de intereses.

La planificación de una jubilación anticipada.

Jubilación:
 Es importante reconocer que los años pasarán y las fuerzas se agotarán, y aquel que no hizo correcciones a tiempo, tendrá que trabajar para comer y no comer por trabajar.

Si se tiene la suficiente osadía como para emprender un negocio, y volverlo rentable. (en mi libro "Rentabilidad para en negocio Saludable"), podrás seguir una guía más detallada, para iniciar tu propio negocio rentable y que te asegure un flujo de efectivo, mientras estés en vida.

Liquidez:

Tener la cualidad de mantener efectivo en la cartera es una buena costumbre, siempre y cuando no andes enseñándola por todas partes para provocar a los dueños de lo ajeno. En lo personal solo trato de llevar no más de 500 en efectivo conmigo, si pienso salir con la familia y no más de 200 si solo estoy en lo cotidiano.

Planificación:

definir una estrategia acerca de cómo se pueden llevar a cabo los objetivos y cuáles son los instrumentos financieros apropiados.

Monitoreo y reevaluación:

monitorear el cumplimiento del plan, verificar si existen cambios relevantes en las condiciones iniciales y evaluar si es necesario un ajuste o cambio en el plan financiero.

CAPITULO 4

Objetivos de los casos

Los diferentes casos que vamos a tratar, tienen como objetivo ser reflejo de las situaciones en cada pareja. Es cierto que no podemos abarcar todas las múltiples situaciones que puedan existir en las relaciones, pero tomaré como referencia algunos de los casos más destacados que me ha tocado atender.

Con la esperanza de poder ayudar a millones de pareja alrededor del mundo, es lo que me motiva para escribir este libro. Que logre ser un instrumento que pase de generación en generación y que pueda establecerse en cada pareja, una Relación Saludable y Estable.

Que cada Pareja logre superar las adversidades que presentan estos casos y adquieran mayor conocimiento en el tema.

Que logren convivir sabia y pacíficamente en el matrimonio.

¿Sabías que el matrimonio es la primera institución establecida directamente por Dios?

Dinámica de Análisis de Casos

Ahora podrás volver Analizar cada caso, utilizando la guía de preguntas, que fueron utilizadas en la primera serie de este Libro "La Comunicación" establecidas en el caso# 1 de Brayan y Melanie. Que conclusiones sacaría de este problema.? Si aún no has leído el libro, te invito hacer una pausa, lo consigas prestado con algún amigo o lo descargues directo de la tienda deAmazon:

www.amazon.com/author/rubenheadley, te servirá para saber cómo resolver estos temas, y conocerás la dinámica aplicada en ellos.

Puedes sacar tus propias conclusiones según tu criterio, una vez que hayas respondido cada una de las preguntas, **podrás comparar tu respuesta de la pregunta Numero 10**, al final de la página con el número del caso. Lo principal que necesitamos saber, es donde se originó todo el problema que lo causó, y como se hubiera podido evitar, para que esta situación no llegara ser un problema en la relación. (Esta serie de pregunta servirá para todos los casos que aquí se presenten).

1. Ubicar el lugar donde se originó el problema.

2. Determinar qué tipo de Comunicación fue utilizada antes del Conflicto?

3. Analizar el primer error cometido por uno de los dos.

4. Definir a quien le faltó entender la Comunicación enviada.

5. Analizar lo que la pareja le intentó comunicar en ese momento.

6. En qué momento fue sembrada la Cizaña.

7. Que Elemento del Pilar fue afectada y que

cizaña fue sembrada en la otra parte?

8. Que acción o acciones crees que le molestó a la otra parte?

9. Identificar cuántos tipos de elementos del pilar han sido afectadas y que tipos de cizaña han sido sembradas en este conflicto." Explíquelo".

10. Cuál fue el origen real que ocasionó todo el Problema y como pudo ser evitada.? (Resolver esta Pregunta será la Clave principal para evitar cualquier Conflicto en el futuro).

"Arranca Hoy el mal árbol desde su raíz; para que Mañana no tengas la desdicha de comer de sus frutos."

CAPITULO 5

Caso # 1
Laura y Fernando

¿Quién es el responsable de las finanzas en el hogar?

En la introducción hice 2 pregunta:

¿La Mujer Debe? o **Puede**?, trabajar para sostener el hogar o la relación.?

¿El Hombre Debe? o **Puede**?, trabajar para sostener el hogar o la relación.?

Siempre ha existido una controversia sobre los deberes y derecho del hombre y la mujer en una relación, muchos tienen un concepto acertado, pero de igual manera muchos lo tienen errado. Mi pregunta es: Por qué el hombre decide llevarse a la mujer de su comodidad, ¿para luego no hacerse responsable de ella?"

Laura y Fernando vinieron a mi oficina una tarde, porque tenían un problema muy serio cada día que a Laura le tocaba recibir el pago de su salario, pues ella se rehusaba a dejar la mitad de su dinero en los gastos de la casa, pero Fernando le recalcaba que ella debe ayudar en los gastos del hogar porque ella trabaja, y también vive debajo del mismo techo, por eso era su deber ayudar.

Ella decía; que no tenía ningún inconveniente de "aportar" en los gastos, pero lo que a ella no le parecía bien era sentirse obligada a pagar los

54

gastos en el hogar. Porque si es así, para que le servía tener marido.

¿Le pregunté a Fernando, que opinaba él sobre los deberes y derecho de la mujer en el hogar?

El me respondió y dijo: ¡Bueno! Yo siempre he visto que cuando una mujer trabaja es para ayudar al esposo con los gastos en el hogar, porque los dos compartimos el mismo techo.

Le pregunté, si alguna vez los dos se habían sentado para conversar sobre cómo sería los gastos en el hogar, ¿y como seria su obligación? En lo que me respondió diciendo, no lo creímos necesario conversar porque ese era un tema obvio, no es la única que trabaja y paga los gastos, las mujeres de mis amigos lo hacen y no oponen resistencia, ni se quejan como Laura.

Entonces le pregunté lo siguiente:

Cuando aún no vivían juntos, y la invitabas a salir, ¿quién pagaba los gastos de la salida? El respondió: Yo

¿Porque no dejabas que ella pagara los gastos? Porque fui yo quien la invitaba, respondió Fernando.

Ok, sabes que, si tú le ponía la condición de que ella pagara todo, posiblemente hoy no estarían juntos, porque ella ya estaría advertida del tipo de hombre que eres, y te puedo asegurar un 90% que tal vez ella no hubiera tomado la decisión de unirse a ti. (En mi libro: "cualidades que busca una mujer en un hombre y viceversa") te explica más detalladamente este tema.

Toda mujer se une a un hombre, porque la impresión que les dio, es que él se encargaría de ella, no ella de él, financieramente hablando.

"La mujer se une al hombre para sentirse que alguien la protege, la cuida y le provee, no al revés"

La respuesta de la pregunta: ¿La mujer debe o Puede trabajar para sostener los gastos en el hogar? es la siguiente:

Toda mujer cuando decide unirse con un hombre, es porque unas de las cualidades que encontró en él, fue la que él sería su proveedor, a no ser que antes de casarse hubieran conversado de cómo sería la convivencia bajo el mismo techo. Entonces el hombre podría cuestionarla por no cumplir con la parte de su pacto.

Pero en primera instancia la mujer no "DEBE" estar obligada a trabajar para pagar los gastos de la casa, pero si "PUEDE" ayudar con los gastos si ella desea. Cuando una mujer trabaja, muchas veces el hombre debe dejarla que lo haga para que ella se pueda sentir útil, y pueda tener su propio ingreso y no depender de un hombre para que le pague el salón de belleza, los zapatos, los maquillajes etc. (aunque también entra en el rol del hombre suplirle de sus necesidades personales).

En cambio, un Hombre no "PUEDE", él sí "DEBE" por obligación trabajar y ver como sustenta los gastos en el hogar, no es una opción, es su responsabilidad como "Macho Alfa" hacerlo. Si no se siente capacitado de llevar esa carga, pues debió pensarlo antes de unirse.

Muchos hombres hoy día prefieren vivir solo, precisamente por esta razón, que no quieren sentirse presionado por la necesidad que conlleva un hogar, para ellos es más fácil vivir solo y que nadie dependa de Él.

En el caso que la relación tenga una buena Comunicación, y el Hombre llegare a quedarse sin una entrada fija de ingreso, es ahí donde entra el deber de la mujer para apoyar en los gastos que se presenten en el hogar, porque es la ayuda idónea.

¿Pero qué sucede si la mujer no trabaja, y el hombre quedare sin trabajo?

Son los momentos difíciles que se presentan en las parejas, no para separarse una de otra, sino para unirse más, crear planes y estrategias para salir adelante.

"Los Diamantes, sale del carbón gracia a la presión que ejerce la atmósfera".

"Has que tus momentos oscuros como carbón, salga un precioso Diamante."

"El que no está dispuesto a arriesgar más de lo normal, deberá conformarse con lo ordinario."

ANÁLISIS DEL CASO #1

1. Ubicar el lugar donde se originó el problema.

R- El Problema se originó en casa de la pareja.

Consejo: Al parecer este problema estaba sucediendo hace mucho tiempo, así en muchas relaciones sucede hasta que llega un momento donde se manifiesta la molestia y es donde las parejas deben buscar ayuda si en tal caso no pueden resolverla por sí misma.

2. Determinar qué tipo de Comunicación fue utilizada antes del Conflicto?

R- Se utilizó una comunicación abierta de forma verbal, de parte de los dos.

Consejo: Si no conoces los tipos de comunicación puedes encontrarlo en la primera serie el Pilar #1 la comunicación.

3. Analizar el primer error cometido por uno de los dos.

R- El primer error cometido fue por parte de Fernando, ya que pretendía por medio de una adulación obligar a Laura a deja la mitad de su sueldo, cuando nunca había hablado de un trato semejante.

Consejo: En toda relación debe existir una buena comunicación sobre la finanza en el hogar, de cuáles serán los deberes y derechos de cada uno.

4. Definir a quien le faltó entender la Comunicación enviada.

R- A Fernando le falto entender la comunicación verbal emitida por Laura, de no sentirse cómoda con la propuesta que él estaba ofreciéndole.

Consejo: Importante entender la comunicación

enviada por la pareja, analizar sus puntos de vista e intentar ser lo más equitativo posible, una pareja feliz sin duda alguna garantiza una relación saludable.

5. Analizar lo que la pareja le intentó comunicar en ese momento.

R- Laura le comunico a Fernando, que no era justo que él tuviera la intensión de que ella aportara con el 50% de lo gastos de la casa.

Consejo: De pronto mucho pensarán que Fernando no estaba solicitándole nada extraño a Laura, pero en realidad lo que él estaba proponiéndole a su esposa no va de acuerdo a los principios de un hogar. El hombre siempre debe ser el que brinde providencia, seguridad y confianza al hogar. De cambiar este formato puede ocasionar distorsión en la relación y más adelante se creará una serie de situaciones en el cual será para lamentar.

6. En qué momento fue sembrada la Cizaña.

R- La cizaña fue sembrada en el momento que decidieron unirse y no organizare, ni hablar de los deberes y derechos de cada uno.

Consejo: ¡Importante! Siempre conversar de las finanzas, deberes y derechos de cada uno.

7. Que Elemento del Pilar fue afectada y que cizaña fue sembrada en la otra parte?

R- El elemento del pilar afectado en la otra parte fue la Planificación, Ya que uno de sus principales enemigos o cizaña es la Falta de comunicación, en cuanto a gastos y finanza se refiere.

Consejo: Sin Planificación no se puede llegar lejos, pues no existe un objetivo claro, ni mucho menos una meta, por el cual se pueden dirigir para alcanzarla.

"Dime cuál es tu plan y te diré que tan lejos podrás llegar"

8. Que acción o acciones crees que le molestó a la otra parte?

R- A Laura le molestó, la manera obligada con el cual Fernando le exigía aportar en casa.

Consejo: Cuando quieres obtener algo de tu pareja, es necesario volverse sabios con las palabras, el tono de voz, y la intención de la misma.

9. Identificar cuántos tipos de elementos del pilar han sido afectadas y que tipos de cizaña han sido sembradas en este conflicto." Explíquelo".

R- Los Pilares Afectado en esta Relación, fueron: La Comunicación, que trajo consigo el egoísmo, y la Planificación que trajo consigo la desorganización en los planes.

10. Cuál fue el origen real que ocasionó todo el Problema y como pudo ser evitada.? (Resolver esta Pregunta será la Clave principal para evitar cualquier Conflicto en el futuro).

"Arranca Hoy el mal árbol desde su raíz; para que Mañana no tengas la desdicha de comer de sus frutos".

CAPITULO 6

Caso # 2
Francisco y Paula

<u>Una Belleza escondida</u>

¿Por qué gastamos nuestro dinero en cosas que no sacian, ni produce, ignorando la inversión en temas más eficiente?

He descubierto que un hombre antes de una relación, siempre promete ser una persona atenta, responsable, amable y cariñosa, de hecho, es lo que piensa toda mujer antes de unirse a un hombre, pero una vez casado o alcanzado el objetivo, el hombre olvida sus principios y se convierte en un ser egocéntrico, olvidando o dejando a un lado a la mujer que decidió internarse en esa aventura incierta.

Francisco y Paula viven en un residencial, a lo que se le considera de clase media baja, la esposa de francisco, siempre se veía triste y tímida con las personas, pero Francisco aparentaba ser un personaje fuerte y que siempre tiene todo bajo control, le gusta ser el centro de atracción con los amigos, por eso su vida debe ser ejemplar. Él trabaja en una oficina recibiendo un buen sueldo, era una persona que cuando pasaba cerca de una tienda, y algo le llamaba la atención, no dudaba para comprarlo. En su hogar contaba con toda la tecnología que salía de moda, Pantalla plana de 50", equipos de sonido, teatro en casa, el auto que tenía le invirtió más de 5mil dólares en equipo de sonido, pantallas, etc. A Francisco realmente no le faltaba nada, lo único que a él le molestaba era llegar a su casa y ver a su mujer siempre delineada, con el cabello amarrado, y su ropa de estar en casa. Cada vez que el la veía así, le reprochaba su apariencia.

Paula era una mujer muy bella cuando Francisco la conoció, ella siempre procuraba verse bien y a la moda, siempre andaba maquillada y peinada, pero después de un tiempo, exactamente 2 años, desde que decidió irse a vivir con Francisco, dejo de cuidarse, y a pesar que Paula sigue siendo bella, su apariencia no deja que se demuestre la belleza que hay en ella.

Un día fui a su casa y quedé fascinado de todo lo que tenía francisco en su hogar, a él le gustaba presumir de sus posesiones. En ese momento sale la Paula a traerme un vaso con jugo, en una fachada que no le gustó ver a francisco. Cuando él la vio no dudó en humillarla frente a mi diciéndole; no te da vergüenza ni con la visita en salir en esa fachada, mejor te hubieras quedado encerrado en el cuarto como siempre haces cuando hay visitas.

Paula triste, avergonzada y con los ojos lleno de lágrimas, se sentó a llorar, diciendo que no soportaba más esa humillación por parte de Francisco, ya no quiero estar con él.

Inmediatamente intervine en ese problema para conocer la raíz de la amargura de la pareja.

¡Les dije conversemos! A ver Francisco, porque tratas así a Paula delante de mí, que es lo que te molesta en realidad.

Dijo Francisco: ¡Mire! lo que sucede es que cuando yo la conocí a ella, me enamore porque siempre procuraba verse bien, no había un día en que ella no se cuidada su apariencia, siempre la veía con su cabello arreglado, su ropita bonita, sus uñas pintaditas, siempre maquillada y su aroma era riquísimo por los perfumes que ella se colocaba. Pero ahora no sé dónde se metió esa Paula que conocí, cada vez que llego, solo con verla me lleno de cólera, por su falta de cuidado que tiene desde que vivimos juntos, envidio a mis amigos porque las mujeres de ellos siempre andan bien arregladitas para recibir las visitas, Ud. Mismo ha visto como lo recibió ella. ¡Yo también estoy harto de esto!

Le dije a Paula que se calmara y tomara un vaso de agua para que pudiera hablar.

Paula dijo: ¡Mire! Es cierto todo lo que dice Francisco, hace dos años que me vine a vivir con él, y de verdad después de un tiempo deje de arreglarme el cabello y ponerle atención a mi apariencia, pero cuando él me propuso a venir a vivir con él, antes de eso yo trabajaba, tenía mi propio ingreso, él por sus celos me dijo que dejara el trabajo que él se encargaría de mis gastos. Hasta ahora ha sido muy responsable con los gastos de la casa, la luz, la comida, pero lo que él no ha comprendido, que la mujer que él está buscando aún está aquí adentro, el único inconveniente que esa mujer no tiene recursos para sacarla de nuevo. Él jamás me da dinero para que yo me arregle, pase por un salón de belleza, o salga a comprar ropa, creo que Francisco piensa que con pagar los gastos de la casa y traer el alimento ya es suficiente, siempre me reclama mi apariencia, pero no deja de traer artefacto costoso a la casa, más bonita se ve la casa que yo, porque el solo esta para presumir, pero no se da cuenta que yo también necesito sentirme bien conmigo misma. Yo no le pido dinero a él, porque la vez que intenté decirle, que me facilitara algo de efectivo, me dijo que si yo era ciega y no veía que el solo está llevando los gastos de la casa, y que no tenía dinero para darme. Desde ese día me prometí que nunca más le pediría dinero, para que no me volviera a humillar, pero ni aun así ha dejado de hacerlo. Y en verdad ya no soporto más.

Entonces miré a Francisco y él solo bajó la cabeza, sintiéndose avergonzado, por lo egocéntrico que había sido y no se había dado cuenta que el único responsable de la mala apariencia de Paula era él.

Desde ese día las cosas cambiaron entre ellos, no se separaron, porque Francisco le pidió perdón a Paula, y reconoció que había sido él quien había estado cometiendo el error por dos años, hoy tiene a la Paula que conoció, ahora ya no gasta solo en él, ahora Paula se convirtió en parte de su prioridad.

"Muchas veces, caemos en el error de Perder la Luna, por estar Mirando las estrellas"

"Cuando encuentras a una persona, que te cuida, te escucha, te alienta, entonces has encontrado una razón más para decir: Te Amo"

¡LA MUJER QUE TU QUIERES NO SE HA IDO; ¡ELLA ESTÁ ENCERRADA EN SI MISMA, SÁCALA DE AHÍ ADENTRO Y ENCONTRARÁS EN TÚ CASA LO QUE HAS ESTADO BUSCANDO AFUERA!

ANÁLISIS DEL CASO #2

1. Ubicar el lugar donde se originó el problema.

R- El problema de este caso se originó en el corazón de Francisco.

Consejo: Cuando una persona se vuelve egocéntrica y se olvida de la necesidad que tiene su pareja, es porque su corazón se ha llenado de vanidad y egoísmo.

2. Determinar qué tipo de Comunicación fue utilizada antes del Conflicto?

R- La comunicación que fue utilizada por Paula fue abierta de manera verbal.

Consejo: La necesidad de una pareja debe ser prioridad en la relación, y en segundo plano las vanidades que nos llamen la atención para adquirirla, siguiendo este consejo se podrá construir una relación, saludable y Estable.

3. Analizar el primer error cometido por uno de los dos.

R- El primer error lo cometió Francisco, al momento de crearle una intimidación a Paula cuando ella quiso solicitarle dinero para arreglarse, y en segundo lugar por perder la prioridad de su mujer.

Consejo: Nunca perder el objetivo principal cuando se decide unirse e ir a vivir junto con la pareja.

4. Definir a quien le faltó entender la Comunicación enviada.

R- Francisco no logró entender la comunicación enviada por Paula.

Consejo: Toda pareja siempre tiene una manera peculiar para comunicarle alguna solicitud a su pareja, muchas veces dudará en pedirle algo a la pareja, dependiendo del carácter y temperamento de la otra parte.

5. Analizar lo que la pareja le intentó comunicar en ese momento.

R- Paula intentó comunicarle a Francisco, que le gustaría tener algo de dinero, para sus propios gastos.

Consejo: El hombre debe entender que una mujer, no solo vive de lo que él le pueda suplir para comer, sino que también ella requiere tener una pequeña libertad para darse algunos cariñitos personales. El trabajo más pesado es el ser ama de casa, y muchas veces se trabaja sin remuneración. Un Ama de casa, trabaja 24horas del día, 7 días a la semana, y 365 días del año, ya que su profesión es multiuso, debe ser cocinera, lavandera, niñera, muchas veces enfermera, otras veces doctora, maestra, plomera, recepcionista etc. ¿No te parece que una ama de casa no se merece un sueldo?

6. En qué momento fue sembrada la Cizaña.

R- En el momento que Francisco decide descartar a Paula en sus prioridades, en él fue sembrada la cizaña del egoísmo.

Consejo: Muchas personas son dominadas por la vanidad, la necesidad de aceptación y el querer sentirse superior a los demás o peor aún intentar ser alguien que en verdad no es, hace que olvide lo que realmente importa en una relación.

7. Que Elemento del Pilar fue afectada y que cizaña fue sembrada en la otra parte?

R- El elemento principal que fue afectado fue la

Comunicación, dando lugar a que fuera sembrada la cizaña del egoísmo en Francisco.

Consejo: Es deber de toda persona prestar atención a las palabras de su pareja y nunca menospreciar sus pensamientos, ni su palabra.

8. Que acción o acciones crees que le molestó a la otra parte?

R- A Paula le molestó la actitud de francisco cuando le solicitó dinero para sus gastos personal, y ver que gastaba más en vanidades que en ella.

Consejo: Si tu pareja no es feliz en lo que gastas tu dinero, entonces tu inversión está en saco roto. Muchas veces gastamos en Pasivo (Todo aquello que saca dinero de tu bolsillo), pero nunca en activo (Toda inversión que mete dinero en tu bolsillo).

9. Identificar cuántos tipos de elementos del pilar han sido afectadas y que tipos de cizaña han sido sembradas en este conflicto." Explíquelo".

R- Los elementos del pilar afectados en esta relación fueron la Comunicación, y El Conocimiento de no saber cómo invertir el dinero, trajo consigo la cizaña de la Desinformación y la Apatía en Francisco.

Consejo: Es necesario que, para lograr tener una relación saludable y estable, tengan un buen conocimiento en el área de la finanza, ya que por falta de información se cometen grandes errores cayendo en deudas impagables, una vez se cae en ese hoyo, no se puede salir tan fácilmente. Antes de gastar tu dinero en algo, detente y ponte a pensar, si de verdad necesitas comprar eso, o solo fue una parte de ti que te impulsa a comprarlo.

10. Cuál fue el origen real que ocasionó todo el Problema y como pudo ser evitada.? (Resolver esta Pregunta será la Clave principal para evitar cualquier Conflicto en el futuro).

"Arranca Hoy el mal árbol desde su raíz; para que Mañana no tengas la desdicha de comer de sus frutos"

CAPITULO 7

CASO #3
Yolanda y Ricardo

Cambio de Carácter

"La gente notará los cambios en nuestra actitud hacia ellos, pero nunca notarán el comportamiento suyo que nos hizo cambiar."

Hace unos años atrás me tocó consolar a un amigo, su nombre es Ricardo, aunque vivía con su mujer, prácticamente la había perdido. Era como aquel refrán que dice: "JUNTOS, PERO NO REVUELTOS". Él inició la conversación con una voz muy triste y me dijo: Creo que me voy a separar de Yolanda. ¿Y por qué lo quieres hacer? Le Pregunté.

Pues ya no es la Yolanda que los dos conocimos, no es aquella ama de casa entregada a su hogar, dedicada a su familia, ella ahora tiene un trabajo y no hay día que no llegue con olor a alcohol y muy tarde en la noche, ya no le discuto nada, porque cada vez que lo hago ella viene amargada y me insulta, me dice que no es asunto mío lo que ella haga con su vida, que soy un bueno para nada me dice.

En realidad, ya no quiero seguir viviendo de esa manera con Yolanda, cuando ella sale a trabajar yo soy el que me quedo con los niños, soy el que le cocino, los atiendo etc.

Yo le dije a Ricardo que pasaría al día siguiente antes que Yolanda saliera a trabajar, para conversar del tema, y quedamos en una hora especifica. Al día siguiente llegué 2 horas antes que saliera Yolanda a trabajar, y como soy amigo de los dos, ella no tuvo problemas en sentarse conmigo para conversar del tema.

Le comuniqué que estuve ayer conversando con Ricardo, y le comenté todo lo que conversamos los dos, y que me gustaría conocer la versión de los hechos de parte de ella. ¿Por qué había tenido un cambio drástico en su hogar y en su manera de ser?

Ella muy amargamente inició contando: Tú has sido amigo nuestro desde que estábamos en el colegio, eres una de las personas que más nos conoce, cuando Ricardo y yo éramos novio, o sea antes de decidirnos a vivir juntos los dos, yo salí embarazada de él, no logré ir a la universidad para quedarme a cuidar a mi bebé, Ricardo era una persona muy conformista, yo siempre le decía a Ricardo que debía esforzarse un poco más, para que lograra alcanzar mejores ambiciones, que estudiara o se preparara profesionalmente en alguna área, y que no pensaba irme a vivir con él, si no lo veía esforzarse más, porque prefería quedarme así, que irme a vivir con un hombre muy limitado y poco ambicioso. Él me repitió en varias ocasiones, que lo que necesitaba era una motivación más grande para alcanzar sus metas. Él me aseguró que, al momento de tener una responsabilidad más seria, el esfuerzo de él sería mayor.

Ricardo tiene el don de convencimiento, de tanto insistirme a la final accedí a su petición. Los dos nos fuimos a vivir juntos, en el primer año tuvimos nuestro primer hijo, luego después de 3 años nació el último que tenemos. Ricardo trabajaba, pero eventualmente, es decir que los ingresos que entraban en el hogar no eran consistentes, muchas veces nos encontramos en dificultades para pagar las deudas, y suplir en el hogar. Entonces fue donde le dije a Ricardo que si aún no había encontrado su motivación para ser más ambicioso en la vida y no ser un conformista. Fue donde él mismo me respondió: "Si tú sabes cómo hacerlo entonces inténtalo tú".

Ella me confesó que las palabras de Ricardo la habían lastimado, yo esperaba que el respondiera como un verdadero hombre y se pusiera los pantalones para mejorar nuestra condición de vida, y me salió con esa respuesta. Fue donde decidí a no depender de él jamás, y ver como salía adelante con mis hijos por mis propios medios. Llamé a una amiga le comenté que estaba interesada en conseguir un trabajo, no importaba de que, si de mesera, empleada doméstica lo que fuera, ya que no podía exigir mucho, no tenía preparación, ni un certificado universitario por salir embarazada antes del tiempo, aún sigo con la idea de volver a la universidad y superarme, pero eso requiere de tiempo y dinero, dos cosas que por el momento han faltado. Luego de un tiempo mi amiga me llamó y me comunicó que había conseguido un empleo para mí, pero no sabía si yo lo iba aceptar; le dije que no me importaba que tipo de empleo era, mientras sea legal ella lo aceptaría. Mi amiga me dijo que era en un bar discotecas sirviendo tragos, yo entusiasmada con mi primer empleo le dije que estaba bien, y que lo aceptaba. Comencé a trabajar al día siguiente, al principio no sabía nada, así que me demoró algún tiempo adaptarme al oficio.

Yolanda empezó a llorar y a decirme, no hay un día en que esos tipos no me tocan, tengo que dejarme acariciar y reír, porque si no lo hago puedo perder mi empleo, debo sentarme con ellos a beber cuando lo piden, y hay momentos que para poder ganar algo más de dinero, me toca estar íntimamente con ellos.

Ella sin aliento expresaba lo asquerosa que se sentía cada vez que llegaba a casa, ni a sus hijos quería abrazar para no ensuciarlos por la conciencia que ella tenía; todo lo que mami tenía que hacer y soportar por ellos, porque el hombre de esta casa no es capaz de mantener a una familia. Me ha amargado mi vida, he tenido que encontrarme con amigos del colegio en ese bar, me he sentido tan humillada. Por eso que cada vez que Ricardo quiere venir a reclamarme algo lo insulto, él no tiene idea del gran odio que le tengo, por tenerme en esta situación, es un poco hombre.

Cuando miré a Ricardo, también tenía lágrimas en los ojos, y de ahí se dio cuenta él mal que había causado, nunca más le reprochó nada a Yolanda después de esa conversación. Quince días después ella dejó el trabajo, porque Ricardo esta vez se esforzó en gran manera, y llevó su talento al área de ventas en un prestigioso almacén hasta el día de hoy. Ahora Yolanda logra sonreír nuevamente y se siente conforme con el esfuerzo de Ricardo, ya pueden afrontar las necesidades, ahora con un tercer niño en camino.

"Una Persona cambia por dos razones: Aprendió demasiado o sufrió suficiente."

ANÁLISIS DEL CASO #3

1. Ubicar el lugar donde se originó el problema.

R- El problema de Ricardo y Yolanda inició por la necesidad que hubo en casa.

Consejo: El 90% de los problemas en las relaciones, siempre inician por la falta de comunicación o problemas financiero.

2. Determinar qué tipo de Comunicación fue utilizada antes del Conflicto?

R- Por parte de Yolanda se utilizó una comunicación Abierta, de manera verbal, muy clara y directa a Ricardo.

Consejo: Toda mujer debe aprender a tomar valor y no aceptar vivir en la mediocridad con su pareja, porque el hombre se esfuerza hasta donde la mujer le exige, si tu exigencia es grande entonces el esfuerzo de tu pareja será mayor.

3. Analizar el primer error cometido por uno de los dos.

R- El primer error lo cometió Yolanda, por conocer la actitud de poco esfuerzo de Ricardo y decidir irse a vivir con él.

Consejo: Este tipo de errores es muy frecuentes en las parejas, se unen a ellas, pensando que el carácter y actitud de la pareja cambiarán una vez que vivan juntos, pero la mayoría de las veces eso no sucede, al contrario, se vuelven peores.

La clave es exigirle a la pareja un cambio de actitud y aptitud si se desea realmente llevar la relación a un próximo nivel.

4. Definir a quien le faltó entender la Comunicación enviada.

R- Ricardo no logró entender la importancia del mensaje que Yolanda le quiso trasmitir en ese momento.

Consejo: En la relación, siempre se debe prestar atención a la solicitud de las parejas, ya que estas pueden ser un mensaje definitivo, de alguna decisión que se está por tomar, y solo se está esperando, la respuesta o actitud de la pareja una vez enviado el mensaje.

5. Analizar lo que la pareja le intentó comunicar en ese momento.

R- Yolanda le intento comunicar a Ricardo que, si no se esfuerza para superarse, la relación puede caer en un conflicto emocional.

Consejo: Todos los conflictos dentro de la

relación, pudieron poder evitarse, si el receptor al que se le está comunicando el mensaje tiene la suficiente capacidad para entender, y mejor aún comprender lo que se le intenta decir.

6. En qué momento fue sembrada la Cizaña.

R- En el momento en que Ricardo por querer llevarle la contraria a Yolanda cuando le exigía un mayor esfuerzo, la respuesta de él ocasionó que en Yolanda entrara la cizaña de la desconfianza, la traición, el egoísmo y la corrupción.

Consejo: El que no refrena su lengua, sucede lo que indica un pasaje de la biblia: **"Porque toda naturaleza de bestias, y de aves, y de serpientes, y de seres del mar, se doma y ha sido domada por la naturaleza humana; pero ningún hombre puede domar la lengua, que es un mal que no puede ser refrenado, llena de veneno mortal.** Santiago 3: 7 y 8 (VRV).

El que domina su lengua, puede dominar toda su mente.

7. Que Elemento del Pilar fue afectada y que cizaña fue sembrada en la otra parte?

R- En gran manera fue afectada el elemento de la Confianza, donde trajo consigo sus cizañas de desconfianza, traición y egoísmo, en Yolanda.

Consejo: Cada vez que un elemento del pilar es afectado, siempre será acompañado por sus cizañas, mientras más cizaña se siembre más difícil es la restauración en la relación.

8. Que acción o acciones crees que le molestó a la otra parte?

R- A Yolanda le molestó el poco esfuerzo de Ricardo y la respuesta que le dio, la cual la lastimó.

Consejo: Nada golpea más fuerte que una

palabra mal dicha o expresada por un ser querido. ¡Cuidemos nuestras palabras, y estaremos cuidando el corazón de nuestra pareja!

9. Identificar cuántos tipos de elementos del pilar han sido afectadas y que tipos de cizaña han sido sembradas en este conflicto." Explíquelo".

R- Los elementos afectado en este caso fueron la Comunicación, la planificación antes de decidir vivir juntos, y el Conocimiento, sembrando en la relación, Engaño, desconfianza, corrupción, y apatía.

Consejo: Todo esto fue generado por una sola palabra, una sola expresión en un mal momento de una discusión.

10. Cuál fue el origen real que ocasionó todo el Problema y como pudo ser evitada.?

(Resolver esta Pregunta será la Clave principal para evitar cualquier Conflicto en el futuro).

"Arranca Hoy el mal árbol desde su raíz; para que Mañana no tengas la desdicha de comer de sus frutos".

CAPITULO 8

CASO #4
Rafael y Verónica

Perdiendo ver la luna, por mirar la estrella fugaz.

"Los Hombres débiles tienen amantes, pero los hombres fuertes tienen Familia."

En una relación es importante valorar lo que tenemos, pues será lo único que nos acompañarán en los momentos difíciles.

En cierta ocasión tuve la oportunidad de conocer a Rafael y a Verónica, en un complejo deportivo donde celebraban las fiestas de fin de años algunas empresas. Fui con mi familia a formar parte del evento. Luego los niños se fueron a jugar, y las madres decidieron ir con ellos, y todos los hombres nos quedamos a charlar, conversábamos de los diferentes tipos de trabajos que nos dedicábamos. Compartíamos datos de las inversiones que habíamos hecho, las que salieron bien y de las que salieron mal, otros hablaban de conquistas y de mujeres. Entre todas las conversaciones uno de ellos (Rafael) empezó a decirnos una historia que le sucedió, y de cómo él empezó a valorar a su esposa.

El narra que años atrás, cuando inició su relación con Verónica y decidieron tener hijos y vivir juntos, él y su familia eran uno de los más ejemplares antes sus amigos, familiares y vecinos, en fin, era una familia dotadas de valores, niños educado, ingreso estables y remunerados, la mujer se encargaba del hogar y de sus hijos, él de la seguridad, providencia y protección del hogar. El cuadro perfecto de una relación.

Rafael nos confesó que el llevaba una doble vida, pues él tenía a su familia, pero también tenía una amante llamada Lucia, una muchacha más joven que él, tierna y con un cuerpo casi sin explorar, él nos contó que con ella salía para todas partes, le inventaba un trabajo nocturno a Verónica, para poder quedarse con Lucia toda la noche, salían a cenar, a los cines y hasta de viajes los dos juntos, siempre con una buena cuartada para Verónica. Él decía que su esposa nunca sospechaba nada, porque él era un hombre serio y respetado en su trabajo, además en su hogar no faltaba nada, y Verónica nunca tuvo necesidad de trabajar para ayudar con los gastos del hogar.

Rafael cuenta que mientras la mujer se encontraba encerrada en su casa, él se divertía con Lucia, y le hacía obsequio que nunca le dio a su esposa, pero nunca le negaba dinero a Verónica cuando se lo solicitaba, para ella salir de compras, ir al salón de belleza, o para ahorros personal.

Un día la empresa donde él trabajaba se fue a la quiebra, Rafael y todos los demás perdieron el trabajo. Él en ese momento estaba preocupado, era el único ingreso que tenía, porque no había tenido tiempo de pensar en invertir, por andar de paseo con Lucia.

Tenía uno que otros ahorros, pero él sabía que sin ingreso pronto se les acabaría. Él decidió no decirle nada a Verónica por el momento para no preocuparla, pero sí se lo comentó a Lucia. Los ahorros que Rafael tenía se le fueron agotando poco a poco, por las salidas con Lucía, pues el necesitaba mantener a Lucia contenta y satisfecha con él.

Verónica recibe una llamada del banco preguntando por Rafael, para que se pusiera al día con sus compromisos de pagos, había atrasos en la letra del departamento, como en sus tarjetas. Ella se extrañó por esa llamada. Cuando intentó llamar al trabajo de su esposo a preguntar por Rafael, para comunicarle que el banco lo estuvo llamando, se da cuenta que la compañía había dejado de existir ya hace unos meses.

Verónica, molesta con Rafael por ocultarle esa información, lo esperó a que volviera. Cuando llegó Rafael, ella actúa como si no sabe nada del cierre de la empresa, y le preguntó cómo le había ido, él le responde: un poco agotado, pero bien. Ella le pide que se lave las manos y se siente a la mesa para comer. Y así lo hizo.

Cuando estaban comiendo, Verónica le comentó que el banco tiene 3 días localizándolo y no ha podido hacerlo, ¿les pregunté que si tenían un mensaje para darte? dijeron que te pusieras al día con los compromisos de pago, para no hacerte recargo, estas atrasado en el apartamento, las tarjetas y el auto. Él le dice que estaba teniendo problema con sus cuentas bancarias, y ya estaba arreglando eso. Ella le pidió a Rafael que le dijera la verdad de lo que estaba pasando, porque había llamado al trabajo y ya sabe que la Empresa quebró. A Rafael no le quedo de otra manera que decirle toda la verdad sobre la empresa, ella entonces le preguntó, ¿y se puede saber a dónde sales todo este tiempo y te demoras como si estuvieras trabajando? Él le dijo que estaba haciendo unas gestiones para conseguir otro empleo y se quedaba tarde para que ella no sospechara ni se preocupara. Ella entendió la situación, le preguntó que tenía planeado para continuar con los gastos de la casa y los pagos de la energía eléctrica y demás cosas. Él le respondió que aún tenía unos ahorros mientras lograba conseguir un empleo. Ella no le dijo más nada, solo le dijo "No te preocupes vamos a Salir de Esta".

Pero Rafael aún insistía salir y gastarse el ahorro con Lucia, ahora ya las salidas eran menos frecuentes con ella y los obsequios escaseaban, cuando Lucia vio que ya Rafael estaba sin dinero, decidió decirle que ya no le interesaba seguir con él, porque no satisface sus necesidades, y le pidió que no volviera más. Rafael enojado con Lucia y su actitud, no tuvo más remedio que irse y olvidarse de ella, y darse cuenta que solo fue un instrumento financiero de Lucia.

Pasó el tiempo y Rafael, se había quedado sin ahorros, por su mala administración, sin embargo, el banco dejó de llamarlo, los gastos del hogar siempre eran cancelados y Rafael sabía que no era por él. Llamó a Verónica y le preguntó cómo había sido eso posible, que no faltaba el alimento, ni el compromiso de pago de los gastos en el hogar. Verónica le respondió: ¿Recuerdas que me dabas para mis gastos personales? Él le dijo sí lo recuerdo; Bueno, todos estos años solo tomaba un 10% de lo que me dabas y lo demás yo los guardaba en el banco para cualquier momento que lo necesitaba de verdad. El fondo de emergencia aún no ha sido necesario tocarlos, y mientras logres conseguir otro empleo creo que podemos vivir con lo que tengo, por lo menos 9 meses, no creo que en ese tiempo no hayas logrado conseguir otro empleo.

Rafael terminó diciendo que había quedado sorprendido y arrepentido, de haber gastado su dinero en Lucia por no haberle dado el valor a la mujer que estaba con él, por lo que era y no por lo que él podría darle.

Y sabes que fue lo peor de todo, después de un tiempo Verónica me confesó que ella sabía que tenía una amante, porque una vez vio mi camisa manchado de pintura de labios, y ya lucía le había llamado una vez para decirle que su marido estaba con ella.

Me confesó que fue ahí, donde inició a pedirme una cantidad de dinero cada vez que podía, porque sabía que tarde o temprano, mi amante me dejaría sin nada. Nunca me reclamó, nunca dejó de atenderme de la misma manera, nunca cambió, pero puedo imaginar el gran dolor que la hice pasar por mi egoísmo.

Gracias a Dios logré levantarme nuevamente, porque tengo la suerte de tener a una mujer como Verónica y ahora procuro darle prioridad a mi esposa, y trato de recompensarla en todos estos años que no la atendí.

"Amigos deben saber, que las mujeres de afuera están con uno por lo que tienes, y no por lo que somos"

"Una vez logren resolver sus necesidades, automáticamente se olvidarán de ti"

ANÁLISIS DEL CASO #4

1. Ubicar el lugar donde se originó el problema.

R- El problema se originó en el corazón de Rafael

Consejo: muchas veces los problemas no nos buscan a nosotros, al contrario, nosotros buscamos el problema cuando todo está tranquilo.

2. Determinar qué tipo de Comunicación fue utilizada antes del Conflicto?

R- Refiriéndonos al momento, donde Verónica descubre la verdad del despido de Rafael, ella intenta comunicarse con el Abiertamente, de manera verbal para que él le confesara lo que en realidad estaba sucediendo en la empresa y que estaba haciendo él todo ese tiempo.

Consejo: Las mentiras siempre tienen patitas cortas, tarde o temprano te descubrirán en la mentira.

3. Analizar el primer error cometido por uno de los dos.

R- El único error fue por parte de Rafael, por no planificar, ni organizar sus finanzas mientras estaba en los tiempos de las vacas gordas.

Consejo: Es importante saber, que no todos los tiempos son iguales, hay tiempo de abundancia y tiempo de escases, la diferencia esta en que iniciativa tomamos en momento de abundancia.

4. Definir a quien le faltó entender la Comunicación enviada.

R- En el caso narrado por Rafael podemos decir que la misma circunstancia le estaba enviando comunicaciones discretas a él mismo y nunca lo entendió. Por la manera de gastar su dinero, en las diferentes maneras que donde su familia no disfrutaba ningunos de esos momentos con él, por andar de "Sugar Daddy"

Consejo: Muchas veces la vida nos pasa factura por el mal manejo de los bienes que Dios nos da en la vida para administrarlo de una manera que sea eficiente.

5. Analizar lo que la pareja le intentó comunicar en ese momento.

R- Verónica le comunico a Rafael que fuera sincero con ella, referente a su trabajo.

Consejo: En este caso Verónica fue una mujer inteligente, que no dejo que las circunstancia le amargara su existencia, a pesar de saber la verdad con anticipación.

6. En qué momento fue sembrada la Cizaña.

R- La cizaña quiso ser sembrada en el corazón de Verónica, más sin embargo hubo una cizaña de traición, egoísmo, deshonestidad, hipocresía sembrada el corazón de Rafael.

Consejo: si observas a un barco navegando en sobre el mar, tal vez algún día te hiciste la pregunta como muchos ¿Cómo algo tan pesado no se hunde?, la razón es que los barcos no se hunden por el agua que lo rodea, sino con el agua que entra en él. No dejes que las circunstancia que te rodea te hundan, sé cómo Verónica.

7. Que Elemento del Pilar fue afectada y que cizaña fue sembrada en la otra parte?

R- El elemento afectado en este caso fue la Confianza, Transparencia, la Sinceridad y la Planificación, en Rafael, en el cual se le fue sembrado la cizaña de engaño, traición, egoísmo, corrupción, hipocresía, deshonestidad.

Consejo: En la vida hay muchas personas que tienen doble vida, poniendo sus intereses por encima de la familia.

8. Que acción o acciones crees que le molestó a la otra parte?

R- A Verónica le molestó, el hecho de que Rafael le ocultara que ya no estaba laborando y le hacía creer que lo estaba haciendo.

Consejo: El simple hecho de ocultar una verdad, de esa magnitud, envía un mensaje negativo a la pareja de desconfianza.

9. Identificar cuántos tipos de elementos del pilar han sido afectadas y que tipos de cizaña han sido sembradas en este conflicto." Explíquelo".

R- Los elementos afectado en este caso, fueron

5, la Confianza que trajo consigo cizaña de traición, Transparencia trajo engaño y corrupción, la Sinceridad trayendo deshonestidad, e hipocresía, la Planificación, trayendo la desorganización financiera en Rafael que más adelante se convertiría en un caos, para pagar sus deudas.

Consejo: Es increíble ver como las personas que no tienen necesidad de entrar en un conflicto familiar, pueden crear en si mismo un mundo infinito de problema.

10. Cuál fue el origen real que ocasionó todo el Problema y como pudo ser evitada.? (Resolver esta Pregunta será la Clave principal para evitar cualquier Conflicto en el futuro).

"Arranca Hoy el mal árbol desde su raíz; para que Mañana no tengas la desdicha de comer de sus frutos."

CAPITULO 9

CASO #5
REBECA Y WILLY

"Regalos y detalles"

"Una de las sensaciones más hermosa que una mujer puede recibir, es saber que la aprecian."

Muchas veces descuidamos la cualidad y las virtudes, que enamoraron a nuestra pareja, y creemos que una vez que se vive bajo el mismo techo, ya las cualidades y la atención deben desaparecer.

"EL "DESCUIDO", es el único capaz de matar el amor más grande"

Willy está casado con Rebeca desde hace varios años, él trabaja en una fábrica a 30 minutos de su hogar, y ella en una oficina en medio de la ciudad solo a 10 minutos de su casa, los dos son una pareja joven y sin hijos aún, ella tiene 28 años muy atractiva y él 30 años de edad, también es un joven apuesto, esa relación que tienen nació desde la universidad cuando tomaban la misma carrera, Willy era un hombre muy detallista con Rebeca, siempre la sorprendía con obsequios y regalos cuando eran novios. Cuando lograron vivir juntos, los dos conversaron y decidieron que cada uno trabajaría, aprovechando que aún no tenían hijos, podrían ahorrar lo suficiente para cuando se presentara el momento y ella tuviera que quedarse en casa, sus compromisos de pagos eran mínimos, lo habitual en cada pareja; luz, teléfono, cable, casa, y auto, alimentación, combustible. Tenía bien planificado sus gastos mensuales y procuraban comprar lo necesario, nada ostentoso para tener una finanza saludable.

De pronto Willy percibe que Rebeca cada cierto tiempo, llevaba a la casa algunas prendas de joyería nuevas, que por su apariencia se veía que eran de gran valor, Bolsos de diseñador, al igual que los zapatos, antes no era muy frecuentes ,pero cuando él observa que era más seguido, él le dijo; por qué gastas demasiado dinero en cosas que no necesitas en el momento, mira tienes mucho zapatos y bolsos que ya has comprado, ahora gasta en artículos de diseñadores, no crees que estas exagerando y malgastando el dinero?, recuerda que tenemos una planificación de gastos. Ella nunca respondía nada y eso aún más molestaba a Willy.

Pasaron algunos meses y Rebeca con poca frecuencia traía artículo de valor, y nunca le informaba a su pareja, eso trajo como consecuencia que Willy y ella entraran frecuentemente en discusiones, por la insistencia de

Rebeca y sus artículos de lujos. Ya su relación se estaba deteriorando con el comportamiento de Rebeca.

Cuando Willy recurrió a mí por consejos y a decirme su situación con Rebeca, fue donde me dijo todo lo que estaba sucediendo. Inmediatamente le dije que me permitiera llegar a su casa y conversar con Rebeca también. Acordamos vernos al siguiente día en la tarde, cuando los dos estuvieran en casa.

Cuando llegué Rebeca me ofreció algo frío para beber, y fue entonces que le comuniqué a ella, que Willy estaba preocupado por la relación y me dijo lo que estaba sucediendo, le pregunté a Rebeca si quería explicarme ese comportamiento. Ella no se resistió y accedió a decir lo siguiente:

Cuando Willy y Yo éramos novios, él era muy detallista conmigo, siempre procuraba sorprenderme con pequeños detalles que para mí eran muy grande, porque no se trataba del valor, sino de la acción, el hecho de que él hiciera eso, me hacía sentir muy consentida y a la vez especial, esos detalles fueron un factor muy importante que influyeron para bien en nuestra relación. Sé que nos planificamos para ahorrar, pero pienso que los detalles al menos una vez al mes podría aparecer.

Ahora le explico porque le menciono todo esto. Resulta ser que yo no he gastado ningún dólar en estos artículos, lo que sucede es que en mi trabajo empezaron aparecer en mi escritorio cada cierto tiempo, chocolates, dulces, otras veces flores, y no sabía cómo llegaban ahí, pero me encantaban, era como si alguien supiera que esos detalles me llenaban de satisfacción. Un tiempo después apareció el responsable de esos obsequios, era mi jefe; me dijo que para él siempre será un regalo, ver mi cara de alegría cuando encontraba sus obsequios, y que el hecho de no rechazarlos lo animaba a seguir haciéndolo, fue ahí donde él empezó hacerme regalos más costosos, yo en realidad quería detenerlo, pero cada detalle de él siempre superaba al último. Yo nunca me atreví decirle nada a Willy, porque sé que solo en aceptarle el regalo a mi jefe estaba mal. Por eso prefería callar y que él siguiera pensando que eran artículos que yo compraba. Mi jefe siempre me ha invitado a salir, pero nunca lo he hecho y a pesar de eso él no ha dejado de llenarme de detalles. Y hoy necesitaba confesar esto a Willy, porque de verdad sé que no he procedido bien y nuestra relación se ha deteriorado por mi comportamiento, y por callar esta verdad.

Le pregunté a Willy que pensaba al respecto, él dijo: " Es cierto Rebeca que no he vuelto a ser detallista contigo, pero creí que tú entendías la razones por el cual dejé de hacerte detalles, pero hoy me doy cuenta que de verdad he podido perderte por mi descuido, si no le has aceptado invitación a tu jefe, te agradezco por ser fiel a mí, te prometo que volveré hacerte detalles, como solía hacer antes, no creo que le gane a tu jefe con lo ostentoso de sus regalos, pero de seguro te los haré por amor y sin esperar nada a cambio".

Rebeca no dejo su trabajo, porque Willy le dijo que ella fue muy valiente en decirlo y creía en su integridad, lo único que debes dejar de hacer es seguir aceptando los regalos de tu jefe, porque no importa donde vayas, nunca podré estar 24 horas vigilándote, solo me queda confiar en ti, y en tus deseos de cuidar nuestra relación.

Hoy día Willy y Rebeca, viven más enamorados que antes, ella le detuvo los obsequios a su jefe, no los recibió más. Meses después Rebeca decidió renunciar al trabajo para iniciar en otro que le abrió más oportunidades, y está embarazada de su primer hijo.

"La integridad de una Mujer es importante, para alimentar la confianza en el esposo, y no crearle pensamientos negativos acerca de ella"

La mujer sabia edifica su casa; más la necia con sus manos la derriba" Prov. 14:1

"Un hombre jamás debe perder la esencia, con la cual conquistó a su mujer"

ANÁLISIS DEL CASO # 5

1. Ubicar el lugar donde se originó el problema.

R- El problema se originó en el trabajo de Rebeca.

Consejo: Nunca es bueno aceptar obsequio de otra persona del sexo opuesto, si no se sabe cuál son sus intenciones, y si se sospecha las intenciones con más razón no se deben aceptar.

2. Determinar qué tipo de Comunicación fue utilizada antes del Conflicto?

R- Willy se comunicó con Rebeca de una manera Abierta de forma verbal.

Consejo: Si vives con tu pareja y te solicita explicación de alguna anomalía que eres consiente que está sucediendo, lo mejor es aclararle sus dudas, para no crearle imaginación que más adelante creará conflictos.

3. Analizar el primer error cometido por uno de los dos.

R- El error que se cometió en primera instancia fue de Rebeca por aceptar regalos de su jefe.

Consejo: Te recomiendo no recibir obsequio de otra persona, a no ser que sea tu cumpleaños, o fiestas de fin de año, o cualquier festividad alusiva a la fecha del obsequio, si ese no es el caso, no lo aceptes de nadie, y mucho menos, si tu pareja no la conoce. El hecho de que tu pareja deje de darte obsequio no da licencia para recibir obsequio o detalles de otras personas.

4. Definir a quien le faltó entender la Comunicación enviada.

R- La Joven Rebeca a pesar de haber entendido

la comunicación que intento trasmitirle Willy, hizo caso omiso.

Consejo: Tratar de esquivar la comunicación enviada por parte de su pareja, pensando que de esa manera no evitaría un conflicto, se comete un error al hacerlo, ya que da paso a que las malinterpretaciones se manifieste en la mente de la pareja. "El que calla otorga."

5. Analizar lo que la pareja le intentó comunicar en ese momento.

R- Willy le intento comunicar que debían seguir el plan de ahorro que los dos habían pactado.

Consejo: A pesar que él ignoraba lo que estaba sucediendo en el trabajo de Rebeca, ella por lo mínimo debió detener desde ese momento, el recibir obsequio de su jefe, porque eso da la impresión de ser presa fácil al depredador.

6. En qué momento fue sembrada la Cizaña.

R- La cizaña fue sembrada en Willy, al ver que Rebeca hacia caso omiso de lo que él le decía.

Consejo: No existe peor malestar en una relación que el ser ignorado o que tengan su palabra y opinión como poco importa. Es por eso que se debe atender a la opinión de la pareja y valorarla de importante como le gustaría que fuera valorada la suya.

7. Que Elemento del Pilar fue afectada y que cizaña fue sembrada en la otra parte?

R- El elemento del pilar afectado fue la Confianza, y fue sembrada la cizaña de desconfianza, traición y engaño.

Consejo: Al Willy ignorar lo que estaba sucediendo en el trabajo de su pareja, no le quedo otra manera de pensar de Rebeca que a ella no le estaba importante el paco que había hecho con Willy sobre ahorrar para futuro. Eso creo en él todas las cizañas que fueron sembrada, por causa de su pareja, porque ella permitió que él dejara puerta abierta a la mente el cual es un taller del diablo.

8. Que acción o acciones crees que le molestó a la otra parte?

R- A Willy le molesto la actitud de Rebeca, el seguir insistiendo en comprar artículos de gran valor, sin saber cuál era la realidad de los hechos.

Consejo: En la Biblia hay un pasaje que cabe como anillo al dedo a este caso que dice: "Si la comida le es a mi hermano ocasión de caer, no comeré carne jamás, para no poner tropiezo a mi hermano" 1 Corintio 8:13, en otras palabras, si mi actitudes o acciones van a provocar un conflicto en mi relación, mejor no lo práctico.

Arranca la raíz del mal árbol hoy; y no comerá de sus frutos mañana.

9. Identificar cuántos tipos de elementos del pilar han sido afectadas y que tipos de cizaña han sido sembradas en este conflicto." Explíquelo".

R- Los elementos del Pilar de la Finanza afectado fue la comunicación, trayendo consigo la cizaña de desconfianza, traición y engaño.

Consejo: Un simple acto puede provocar, sentimientos de desconfianza en la pareja, pude hacer que se sienta traicionado por algún acuerdo que hayan hecho, y sentirse engañado por la falta de compromiso por parte de la pareja.

10. Cuál fue el origen real que ocasionó todo el Problema y como pudo ser evitada.? (Resolver esta Pregunta será la Clave principal para evitar cualquier Conflicto en el futuro).

"Arranca Hoy el mal árbol desde su raíz; para que Mañana no tengas la desdicha de comer de sus frutos".

CAPITULO 10

CASO #6
DAVID Y PATRICIA

"Un secreto Descubierto"

En la vida no hay nada oculto; que no haya de ser manifestado en su tiempo".

"Con sabiduría se edifica la casa, y con Prudencia se Afirmará" Prov.24:3

Los problemas se enfrentan con ayuda cuando reconocemos que son más fuerte que nosotros, el querer ser autosuficiente y demostrar que se tiene control sobre la situación, a veces puede tornarse en un arma letal o bomba de tiempo en la relación.

Patricia se acercó a mí una tarde, para contarme lo que estaba sucediendo en su casa desde hace unos meses atrás. Ella sentía indignación por David, porque no sabía que estaba sucediendo con él.

Patricia me dijo que conoció a David cuando él estaba con unos amigos en el trabajo de ella, pues era encargada de un mall, y un día David tuvo una discusión con un empleado del lugar. Ella muy amable resolvió el mal entendido. Después de ese incidente, David quedó impresionado con Patricia, y cada vez que él iba al mall, procuraba llevarle un detalle, hasta que logró hacer que aceptara una invitación almorzar. Unos meses después empezaron a salir y más tarde ya estaban viviendo juntos, ella me cuenta que todo iba muy bien en los primeros 14 meses de su relación, no faltaba nada en casa, los pagos estaban al día, y ella se sentía muy a gusto con David. Pero después de un tiempo empezaron a fallar en los pagos puntuales, y ahora se atrasaban en los compromisos mensuales, ella no entendía que estaba sucediendo, a lo que le pidió a David sentarse y conversar sobre el tema. Él le dijo a Patricia, que la culpa era totalmente de él, ya que había hecho una inversión que le salió mal y hasta el momento está trabajando en ello, pero descuida que todo saldrá bien, le dijo David. Patricia se quedó un poco más tranquila al oír la respuesta de David, pero cuando llegaba el fin de mes, siempre se repetía la historia de la llamada de los bancos por los pagos pendiente.

Yo intenté conversar con David, pero él, ahora se molestaba si le hacía un comentario al respecto, no sé si tiene una amante porque ahora llega muy tarde a la casa, y con mucho olor a cigarrillo, porque ahora resulta que empezó a fumar desde hace un tiempo atrás. Y estoy pensando en alejarme de él, ahora que aún estoy a tiempo.

Le dije que no tomara decisiones apresuradas, y que me dijera cuando podía reunirme con los dos, para saber que nos puede decir David, ya sea en su casa o en mi oficina, ella me pidió que pasara el fin de semana a su casa.

Cuando llegó el día nos reunimos, estaban los dos en ese momento. Le pedí a Patricia que le comunicara a David lo que pensaba hacer si no resolvía sus problemas hoy. Ella le dijo claramente que no soportaba más estar en esa situación cada fin de mes, y si él le estaba siendo infiel que se lo dijera en ese momento.

Le pedí a David si quería decir algo que hiciera cambiar de parecer a Patricia. Él entonces respondió ¡Sí! Quiero salvar mi relación. Empezó diciendo que lamentaba mucho lo sucedido, le pidió perdón a su esposa, por haber tenido que llegar a ese punto, para hablar de su problema.

David relata que todo inició antes de unirse con Patricia, las veces que yo iba al mall a visitarla, no era precisamente porque me iba de compras, es porque visitaba el casino que estaba dentro de la plaza, el día que discutí con el trabajador de ella, la razón fue porque había perdido mi dinero y estaba molesto e intenté desquitármelas con él, después que conocí a Patricia procuré alejarme de eso, porque ella no conocía esa parte de mi hasta hoy. Hace meses atrás me encontré con un amigo, y me convenció de entrar un rato y acepté. ¡Ojalá! Nunca me hubiera encontrado con él, y me arrepiento por no ser más fuerte en ese momento, porque ahora he perdido más del 75% de nuestros ahorros en el casino, y no veo la manera de recuperarlo, cada vez que voy siento que iré a recuperarlo, pero me hundo más en la deuda, hasta el punto que tomé de los ahorros de nosotros, y ahora estamos en una deuda muy grande por causa mía y mi falta de control con este asunto.

Después que él se abrió a confesar todo, la cosas fueron más fácil para resolver, Patricia dice que quiere ayudarlo y que estaría con él hasta que lo superara. Yo le recomendé el numero de un especialista el cual han estado visitándolos frecuentemente.

Siempre tengo la costumbre de visitar a las parejas que vienen a mí por un consejo, la última vez que los vi, me pareció que ya la relación estaba muy fortalecida. Patricia ya estaba más tranquila al descubrir la verdad por el cuál casi crea la separación en su relación, y David por confesar su debilidad por los juegos de azar, le fue más accesible poder recibir ayuda.

"No dejes que un secreto arruine tu relación, confiésalo y serás un buen candidato para recibir perdón"

"El que encubre sus pecados, no prosperará; más el que lo confiesa y se aparta alcanzará misericordia" Prov.28:13

ANÁLISIS DEL CASO #6

1. Ubicar el lugar donde se originó el problema.

R- El problema ya estaba originado en David.

Consejo: Cuando tenemos un problema interno y no se lo confesamos a nuestra pareja, el hecho de querer ocultarlo siempre empeorará la relación.

2. Determinar qué tipo de Comunicación fue utilizada antes del Conflicto?

R- Patricia utilizo de una comunicación abierta, de manera verbal con David para saber lo que estaba sucediendo.

Consejo: Siempre hay que valorar a la pareja cuando se acerca de manera responsable y amable buscando respuesta, eso representa que si hay una pregunta, entonces hay una inquietud.

3. Analizar el primer error cometido por uno de los dos.

R- El error cometido fue causado por David, al ocultar su vicio o debilidad a los juegos de azar a su pareja.

Consejo: En los problemas entre pareja, siempre se debe tener la iniciativa de conversar, recordando que para que una relación sea saludable y estable, nunca se debe tener secreto, porque tarde o temprano estos se descubrirán y será muchísimo peor.

4. Definir a quien le faltó entender la Comunicación enviada.

R- David tuvo problema entender o canalizar la preocupación e inquietud que tenía Patricia al momento de conversar con él sobre lo que le preocupaba.

Consejo: Pasar por alto, la inquietud de la pareja, puede agravar la situación en la relación, lo más saludable es sentarse a conversar con la verdad, o simplemente eliminar la preocupación de la pareja con un cambio de actitud.

5. Analizar lo que la pareja le intentó comunicar en ese momento.

R- Patricia, le intento decir a David, que esta demasiada preocupada con la constante situación de fin de mes y los problemas de pago.

6. En qué momento fue sembrada la Cizaña.

R- La cizaña fue sembrada en Patricia al momento de ver que cada fin de mes se repetía el mismo escenario de falta de pago.

Consejo: Todos tenemos un sexto sentido al momento de sentir que algo no está funcionando bien en la relación, porque cada uno crea un patrón de comportamiento, que al momento de cambiarlo es fácil detectarlo.

7. Que Elemento del Pilar fue afectada y que cizaña fue sembrada en la otra parte?

R- El elemento afectado fue la confianza, trayendo consigo la desconfianza de Patricia hacia David y sentimiento de traición.

Consejo: Cuando entra la duda y la incertidumbre en una relación, es normal que se piense lo peor de la pareja, porque no ha sido transparente, y a tomado en poco la honestidad en la relación.

8. Que acción o acciones crees que le molestó a la otra parte?

R- A Patricia le molestó el hecho que David tenía un comportamiento poco inusual, y no tenía muy claro la razón de su actitud.

Consejo: Cuando tenemos un problema personal, lo más practico es no arrastrar a nuestros seres queridos con nosotros, porque ellos no tienen la culpa de la mala decisiones que tomamos.

9. Identificar cuántos tipos de elementos del pilar han sido afectadas y que tipos de cizaña han sido sembradas en este conflicto." Explíquelo".

R- En este caso se afectaron varios elementos del Pilar de la finanza en la relación: La confianza, que dio lugar a ser sembrada la cizaña de la desconfianza, y traición en Patricia. David perdió la transparencia y la sinceridad en la relación, trayendo consigo el engaño, la corrupción y la deshonestidad.

Consejo: No hay desgracia más grande en una relación que la de un vicio incontrolable, es importante que si estas pasando por algo similar, intenta conseguir ayudar profesional o habla con tu pareja lo más pronto posible, la relaciones se fortalecen en la superación de cada adversidad, mientras mayor es la adversidad superada, mayor es el fundamento en la relación.

10. Cuál fue el origen real que ocasionó todo el Problema y como pudo ser evitada.? (Resolver esta Pregunta será la Clave principal para evitar cualquier Conflicto en el futuro).

"Arranca Hoy el mal árbol desde su raíz; para que Mañana no tengas la desdicha de comer de sus frutos"

CAPITULO 11

CASO #7
EMILIO Y BRITANY

"Una mente dominante"

"Una persona ególatra, siempre se jactará, que es mejor que todos, son personas que hieren sin sentimiento, sin importar humillar a los seres querido incluso a su propia familia".

Emilio y Britany, viven al lado norte de mi ciudad, en un área de clase media, según lo que se puede apreciar de la pareja a simple vista, son muy normales como cualquier otra. Pero detrás de la puerta de la casa, la realidad que se escondía era distinta. Él es un hombre muy acaudalado, la conoció a ella cuando trabajaba en una tienda de ropa de diseñador, la primera vez que el la vio quedo muy enamorado de ella.

Britany al principio no le llamaba la atención Emilio, ella decía que cada vez que él llegaba lo hacía de una manera prepotente, creyendo que era dueño del mundo, y eso era lo que no le gustaba a Britany. Él varias veces intentó persuadirla a salir, más ella siempre lo rechazaba.

Una tarde llegó Emilio al local, y se le acercó para preguntarle, cuál era la razón por el que siempre le rechazaba su invitación a salir, fue donde Britany no dudó en decirle, que era muy prepotente y engreído, no le gustaba como se creía dueño del mundo por su dinero. Y no me gusta estar con persona que miren por encima del hombro a las demás personas; respondió ella.

Emilio entendió, que, si quería conquistar a Britany, debía hacer unos ajustes en sus comportamientos, al cabo de unos meses ya Emilio había dado su brazo a torcer, y siempre procuraba que Britany, entendiera que había cambiado. Luego de un tiempo Emilio volvió a probar e invitó a Britany a salir. Ella esta vez no se negó a la invitación. Él se encargó de llevarla a los mejores lugares del país para impresionarla, y resultó.

Después de estar saliendo unos meses con Britany, le pidió que dejara el empleo y fueran a vivir junto, ella accedió a la petición de Emilio consideraba que, con él, podría salir adelante.

Después que Britany decidió ir a vivir con Emilio, pasaron 9 meses, ella solía quedarse en casa, mientras Emilio salía a ver sus negocios. La familia de Britany llegó una vez a visitarla, porque ella los había invitado, pero no le dijo nada a Emilio. Ella preparó alimentos para todos y la felicitaron por el nuevo estilo de vida que estaba viviendo. Luego llegó Emilio y para su sorpresa la casa estaba llena de personas que él no había invitado, solo saludó y se metió a la habitación, visualmente todos se dieron cuenta que él estaba molesto, y le preguntaron a Britany si ella consideraba que la actitud de él, había sido por ellos. Ella les respondió ¡No!, de seguro tuvo un mal día.

Cuando todo terminó, y salió la familia de Britany, inmediatamente Emilio la llamó y le preguntó que significaba ese atrevimiento, de haber traído gente extraña a su casa, y aparte darle de su comida a esas personas, sin él saber nada. No me gustó que se hayan sentado en mi juego de sala importada de Italia, y Britany le dijo: Espérate un Momento Emilio, la gente que llegó, no eran ningunos extraños, eran mi familia y los invité porque quería que te conocieran, jamás pensé que salieras con la grosería de irte a la habitación y encerrarte, estuvo muy mal de tu parte. Emilio le dijo a Britany: Quiero que tengas algo muy claro, recuerda que todo lo que está aquí, es mío, todo lo he comprado con mi dinero, o se te olvida que yo te traje aquí, sin nada, hasta la ropa que tienes encima te la he comprado yo, tú no tienes nada aquí, por ende, no puedes estar haciendo nada, sin antes informarme de lo que harás.

Britany herida por sus palabras, no hizo nada más que aceptar con un movimiento de cabeza. De ahí en adelante, Britany supo cuál era su posición en la casa, y ahora andaba insegura, de que le era permitido hacer y que no en su propia casa, esa situación llevo a Britany a bajar su autoestima, no se atrevía salir de la casa de Emilio, por temor a volver a su antigua vida, y prefería recibir las humillaciones de Emilio y vivir lujosamente y mostrar felicidad solo de apariencia, que volver a quedarse sin nada y regresarse nuevamente a casa de su familia.

"La dignidad es una cualidad de muy alto valor, que pierde su esencia cuando nosotros mismo lo pisoteamos".

"La Gente no es pobre por cómo viven, es pobre por cómo piensan".

ANÁLISIS DEL CASO #7

1. Ubicar el lugar donde se originó el problema.

R- el problema se originó en el corazón, por el egoísmo de Emilio.

Consejo: Muchas veces las personas muestran el verdadero rostro de su corazón cuando tienen posesiones o se sienten poderosa, porque una persona no cambia por lo que tiene, sino que manifiesta lo que realmente es.

2. Determinar qué tipo de Comunicación fue utilizada antes del Conflicto?

R- Emilio le comunicó a Britany de manera verbal su manera de pensar.

Consejo: Cuando una persona empieza a manifestar su verdadero Yo, y te hace sentir

150

humillada, es el mejor momento de pensar si quieres pasar una vida entera siendo humillada.

Nadie tiene derecho a menospreciar a nadie, y nadie tiene el deber se sufrir tal humillación, si las cosas no funcionaron como esperaba, entonces lo mejor es intentarlo de nuevo.

3. Analizar el primer error cometido por uno de los dos.

R- El primer error cometido en esta relación fue de Britany, al decidir irse a vivir con Emilio por interés y no por Amor.

Consejo: cada vez que una relación es unida por interés, siempre se encontrarán dificultades a lo larga de la misma, por eso es importante unirte a una persona que realmente te valore como persona, por lo que eres y no por lo que tienes o puedes ofrecerle.

4. Definir a quien le faltó entender la Comunicación enviada.

R- A Britany le falto entender lo que quiso comunicarle Emilio, pues fue humillante y decidió quedarse.

Consejo: No permitas que nadie te pisotee por posesiones materiales, tenemos la suficiente capacidad de reinventarnos, nunca permitas convertirte en prisionera(o) de la necesidad.

5. Analizar lo que la pareja le intentó comunicar en ese momento.

R- Emilio le intento comunicar a Britany: si quieres estar aquí, debes seguir mis reglas.

Consejo: Uno como pareja puede comunicarle las cosas que nos gustan o no dentro de la relación, pero jamás podemos imponerles reglas, porque sería una relación tóxica.

6. En qué momento fue sembrada la Cizaña.

R- La cizaña fue sembrada en Britany, desde aquella conversación humillante que tuvo con Emilio.

Consejo: Nuestras palabras pueden ser portadoras de malas semillas, cuida tus palabras y cuidaras el corazón del que te escuche.

7. Que Elemento del Pilar fue afectada y que cizaña fue sembrada en la otra parte?

R- El elemento afectado fue la comunicación, sembrando en Britany sentimiento de desconfianza, sentirse traicionada por la conducta de Emilio.

Consejo: Un Hombre debe tratar a una mujer como a vaso frágil, valorar el esfuerzo que se tomó para conquistarla y no echarlo a la basura.

8. Que acción o acciones crees que le molestó a la otra parte?

R- A Britany le molestó el que Emilio, haya demostrado su verdadero rostro que ella ya había conocido de ante mano.

Consejo: Una persona no cambia de actitud de la noche a la mañana, todo lleva su proceso, no se puede pretender engañarse a si mismo el creer que los cambio son tan fácil y sencillo.

9. Identificar cuántos tipos de elementos del pilar han sido afectadas y que tipos de cizaña han sido sembradas en este conflicto." Explíquelo".

R- En la relación se vieron afectado dos elementos del pilar como lo son, la comunicación y el conocimiento, sembrando consigo la cizaña de la desconfianza, el sentimiento de traición, y la apatía de Emilio.

10. Cuál fue el origen real que ocasionó todo el Problema y como pudo ser evitada.? (Resolver esta Pregunta será la Clave principal para evitar cualquier Conflicto en el futuro).

"Arranca Hoy el mal árbol desde su raíz; para que Mañana no tengas la desdicha de comer de sus frutos".

CAPITULO 12

CASO #8

IVÁN Y KEYLA

Unidos por interés

"La Raíz de todos los males, NO es precisamente el DINERO, Sino el AMOR al DINERO."

"Algunas personas te serán leales a su necesidad de ti. Una vez que sus necesidades cambien, también lo hará su lealtad".

Si bien sabemos que el dinero no compra la felicidad, pero te ayuda en gran parte en obtenerla, el dinero por más que lo nieguen, es un factor esencial en nuestra vida cotidiana, ya que el 90% de nuestras transacciones en la vida se basan en el uso del dinero. Si estas enfermo y necesitas operarte, pero resulta ser que la operación es demasiada costosa, ¿"No crees que el dinero podría ayudarte a resolver eso? ¿Si tu familia está con hambre o necesidades, no te haría bien tener dinero? En fin, podría colocar miles de ejemplo para que entendamos que el dinero no es malo, se vuelve malo, cuando tu dependencia esta 100% en él, y lo conviertes en un dios para Ti.

Hasta la escritura dice: Amado yo deseo que seas prosperado en todas las cosas y que tengas Salud" ...3 Jn 1:2. Dios está interesado en tu prosperidad.

Este es el caso de Iván y Keyla, ellos eran una pareja totalmente extraordinaria, Keyla le gustaba estar en la tendencia de la moda, y a él le interesaba estar actualizado con todo lo que era tecnología, los dos disfrutaban estar viajando y vivir experiencias única, pues el sueldo de Iván se lo permitía, él era muy atento con Keyla, le hacía regalos de todo tipo, sea de Joyerías, de diseñadores en fin, Iván las veces que podía sorprenderla lo hacía. Él amaba mucho a Keyla y ella también a él.

Iván era vicepresidente de una prestigiosa empresa multinacional, aparte de su sueldo, le correspondía recibir las comisiones anuales, por la producción de la empresa.

La compañía donde trabajaba Iván, le tocó pasar por una crisis financiera, y se vio en la obligación de reducir personal en la empresa que devengaban un alto salario, para no irse a la bancarrota y poder resistir la crisis actual. Sin duda alguna, Iván era unos de los candidatos principales en quedarse sin empleo. Pero gracias a su capitalización, Iván logró ahorrar una buena cantidad de dinero para sufragar los gastos de su casa, y sus responsabilidades bancarias por algunos meses mientras adquiría otro empleo, o esperar que la misma empresa lo volviera a contratar una vez se recuperara de la crisis. Pasaron unos meses e Iván ni lo llamaban de la antigua empresa, ni lograba conseguir trabajo, por su cargo que demandaba mucho pago en su salario, es por eso que las empresas preferían contratar manos de obra más económicas, y no contratarlo a él.

No hay que ser sabio para saber, "Que todo ahorro que no obtiene ingreso y solo egreso tarde o temprano escaseará." Justo eso es lo que estaba a punto de experimentar Iván con Keyla, ya los regalos, viajes y compras se habían acabado varios meses atrás. Keyla estaba frustrándose por la situación en la que estaban pasando y no veía mejoría en la finanza, pues ella no trabajaba, porque no necesitaba hacerlo, ella solo con pensar que tendría que trabajar, entraba en una depresión, porque pensaba en que dirían sus amistades. No falto mucho tiempo para que los compromisos de pagos llegaran hacerse presente, y las complicaciones para ponerse al día en los pagos con los bancos empezaran agravar la situación y poner tensión en la relación. Keyla le dijo a Iván que le daba un mes, para que su situación financiera se mejorara, sino lamentablemente se verá en la obligación de abandonarlo y buscar a alguien que pueda solventar sus gastos.

Iván, estaba empezando a vivir el estrés de las deudas, situación que nunca había tenido la necesidad de experimentar en carne propia. Él me comentó que nunca creyó que tendría que pasar necesidad de esa magnitud.

Al cabo de unos meses Iván no logró obtener el trabajo que deseaba, así que se vio forzado en aceptar un trabajo con una reducción del más del 60% de lo que acostumbraba a recibir, y como ya no podía complacerles los caprichos a Keyla, decidió abandonarlo.

El problema de Iván y Keyla, no era la magnitud de sus deudas, sino la magnitud de sus caprichos, "**porque rico no es aquel que más tiene, sino él que menos necesita**". Las personas de ese círculo social se acostumbran, solo vivir en la abundancia, pero nunca aprenden a vivir en escasez. Si ellos aprendieran a vivir con menos, lo que hoy le falta, mañana le sobraría.

No es lo mismo venir con tu pareja desde un nivel bajo cero (me refiero al capital), a que te encuentre en un nivel sobrevalorado, porque cuando las riquezas empiecen a faltar, de la misma manera empezará a faltar el amor. Porque siempre el interés fue en la posesión, y nunca en la persona.

"Cuando decidas unirte con alguien, asegúrate que sea por ti y no por lo que ofreces.

"Encuentra a alguien que no se vaya, cuando las cosas vayan mal".

ANÁLISIS DEL CASO #8

1. Ubicar el lugar donde se originó el problema.

R- El problema inició cuando empezó la escasez.

Consejo: En varias relaciones unos de los factores mas importante que equilibran la relación es la finanza, si no se esta preparado para una escasez financiera en un momento dado, se crea una fisura en la relación.

2. Determinar qué tipo de Comunicación fue utilizada antes del Conflicto?

R- Keyla se comunicó de una manera verbal con Iván.

3. Analizar el primer error cometido por uno de los dos.

R- el Primer error fue cometido por Iván, por no planificarse en sus gastos, ni organizarse en hacer inversiones a largo plazo.

4. Definir a quien le faltó entender la Comunicación enviada.

R- A Iván le falto entender la comunicación que le envió Keyla.

Consejo: una persona que piensa en abandonarte cuando las cosas van mal y sigues con esa pareja definitivamente es porque no entendió que su relación solo esta fundamentada en lo material y no en los sentimientos. Una Persona que ama jamás pensará darte la espalda en un momento difícil.

5. Analizar lo que la pareja le intentó comunicar en ese momento.

R- Keyla le intento comunicar a Iván que, si no mejoraba su situación, lamentablemente lo abandonaría.

Consejo: Todo hombre le gusto hacer sentir bien a su pareja, con viajes y obsequio, pero muchas veces es bueno acostumbrarla a lo básico, para que cuando haya escasez solo entienda que es temporal y no permanente.

6. En qué momento fue sembrada la Cizaña.

R- La cizaña aparece en la vida de Keyla en el momento que empezó a escasear la finanza.

Consejo: Cuando te unas a una persona, observa bien realmente que es lo que fundamente su relación, si son sentimientos sinceros o solo material.

7. Que Elemento del Pilar fue afectada y que cizaña fue sembrada en la otra parte?

R- El elemento de pilar afectado fue la confianza, trayendo un sentimiento de traición y egoísmo.

Consejo: Una declaración de tal índole, viniendo de los labios de la persona que supuestamente debería ser la primera persona en apoyarte, es normal que no se pueda evitar sentir, desconfianza, y traición de su parte.

8. Que acción o acciones crees que le molestó a la otra parte?

R- En este escenario, a Iván le molestó la actitud de Keyla, por no soportar los tiempos difíciles.

Consejo: Cuando estamos en una relación y llegan los tiempos difíciles, lo mas recomendable es poder pasar aquella situación con la pareja, porque todo problema es temporal, pero la experiencia vivida será permanente.

9. Identificar cuántos tipos de elementos del pilar han sido afectadas y que tipos de cizaña han sido sembradas en este conflicto." Explíquelo".

R- En esta relación hubo afectado diferentes elementos del Pilar#2 de la Finanza en la relación; primero que nada, se afectó la confianza, y la planificación, que trajeron consigo la cizaña, de desconfianza, y desorganización.

Consejo: Cuando se vive en tiempo de vacas gordas es un buen momento para estar organizar sus finanzas y prepararse para el tiempo de las vacas flacas, que a todos nos llegan en algún momento.

10. Cuál fue el origen real que ocasionó todo el Problema y como pudo ser evitada.? (Resolver esta Pregunta será la Clave principal para evitar cualquier Conflicto en el futuro).

"Arranca Hoy el mal árbol desde su raíz; para que Mañana no tengas la desdicha de comer de sus frutos".

CAPITULO 13
CASO #9
MARLENIS Y CLAUDIO
Una mujer Autosuficiente

"Uno mismo es culpable de sus desilusiones, por crear expectativas tan altas con personas tan básicas."

Muchas veces, encontramos mujeres que han salido adelante por su propio esfuerzo, y muchas de ellas piensan que están mejores solas, que mal acompañadas, pero realmente la necesidad de tener a alguien a su lado es más fuerte que la abstinencia de quedarse sola. La naturaleza demuestra que todos los seres vivos estamos diseñados para vivir en parejas, lo vemos en insectos, animales, y seres humanos, no solo para la sobrevivencia de las especies, sino también para la supervivencia de nosotros mismo como personas. Esta realidad se vuelve difícil en el momento de saber escoger a la persona ideal con quien se debería estar, para llevar una vida grata. Si bien es cierto, "Las cosas cambian con el Tiempo y el tiempo cambia las cosas".

Este es el caso de Marlenis, una mujer luchadora que había salido adelante con su propio esfuerzo, ella tenía su casa propia, que había construido a su manera, tiene un ingreso muy estable, gracias a que tiene un negocio próspero, no la ha convertido en una persona rica, ni mucho menos millonaria, pero lo que genera su negocio le deja para vivir una vida muy confortable y sin necesidades.

Una vez, a Marlenis se le enfermó un repartidor y le tocó sustituirlo, y fue a visitar un cliente para entregar unos pedido de su empresa, pero en ese momento que ella llegó el cliente no se encontraba, y le tocó atenderla Claudio, un hombre alto, con característica de practicar deporte y era bien parecido, su educación y forma de tratar a Marlenis, la dejó suspirando por él,(Marlenis, se enamoró porque era más joven que ella y cuerpo de atleta) desde ese día que lo vio, ella procuraba ser la que le llevara el pedido exclusivamente a ese cliente, con la intensión de que Claudio la volviera atender.

Después de varios meses, Claudio notó que Marlenis estaba interesada en él, y fue donde el decidió invitarla a salir. En esa invitación, Marlenis abrió su corazón y le confesó lo mucho que le interesaba. Claudio muy amable le expresó que también sentía algo por ella, y si le parecía bien, le gustaría seguir saliendo con ella, para irse conociendo mejor. (Pero en realidad Claudio vio la oportunidad de conquistar a Marlenis, por ser adinerada). Ella aceptó, y al cabo de unos meses, decidieron irse a vivir bajo el mismo techo, Marlenis le insistió en que los dos vivieran en la casa, ella le dijo que ahí, ya todo estaba cancelado y que solo debían preocuparse por la alimentación y los gastos básicos de la casa, a Claudio le pareció bien la idea y se fue a vivir con Marlenis.

Todo iba muy bien por el momento, Marlenis se sentía en buenas manos, y seguía muy enamorada de él, ya habían pasado 6 meses de estar viviendo junto los dos. Un mes después Claudio discute con el jefe y renuncia a su trabajo, con la idea de quedarse en casa viviendo mantenido por su mujer. Marlenis le dijo que no se apresurara a conseguir empleo, que no se estresara por eso, cuando él quisiera podía ir a conseguirlo, ella dijo que se podía hacer cargo de los gastos de la casa, mientras él solucionaba su problema. Claudio le dio las gracias por eso. (En realidad Marlenis quería que Claudio trabajara, pero a la vez tenía temor que el consiguiera una amante.)

Pasaron unos 3 meses, y Claudio siempre le pedía dinero a Marlenis para salir a buscar empleo, y ella accedía, llegaban momentos en que le decía que lo que le daba no era suficiente, también le pedía prestado el auto a Marlenis, y de paso usaba su tarjeta de débito que Marlenis le prestó.

De pronto Marlenis, notó que salía mucho dinero de su cuenta y al preguntarle a Claudio, él siempre le decía que usaba el dinero, para comer, o para combustible, etc. Y ella siempre le creía. (Lo que en verdad sucedía era que Claudio tenía una amante y usaba el dinero de Marlenis para llevarla a pasear, y a comer en el auto de ella misma).

Marlenis, al ver que era mucho más la salida de dinero en su cuenta, decidió quitarle la tarjeta a Claudio y también el auto, diciéndole que cuando quería salir le avisara, que ella se ofrecía ir con él, a hacer las vueltas necesarias.

Claudio como vio que las cosas se iban a complicar con Marlenis, decidió terminar con la relación que tenía oculta. Ahora Claudio no salía a buscar empleo, solo se la pasaba viendo programas por el televisor, y navegando por las redes sociales, él estaba muy tranquilo y cómodo donde se encontraba, no había de que preocuparse, y como Marlenis le dijo que no se estresara en conseguir trabajo, el tomo sus palabras al pie de la letra.

Marlenis llegaba del trabajo, y él siempre estaba navegando por internet o viendo televisor, Marlenis viendo siempre el mismo panorama, decidió conversar con Claudio, y decirle que ella cree que es tiempo de que buscara un empleo para que la ayudara con los gastos en el hogar.

Claudio le responde; pero me dijiste que cuando me sintiera listo que saliera a buscar un empleo, y la verdad aún no me siento que estoy listo, pero te prometo que el próximo mes, saldré a buscar trabajo. Ella asintió con la cabeza y le dijo que estaba bien.

Cuando llegó el mes, efectivamente salió a conseguir empleo, y al cabo de dos semanas logró conseguir uno, pero no con buen sueldo, lo que ganaba prácticamente se agotaba, en pagar sus tarjetas, y unos compromisos que él había adquirido, no le alcanzaba para apoyar en casa. Marlenis aún seguía asumiendo los gastos principales del hogar. Claudio no se preocupaba mucho, porque él sabía que Marlenis tenía para pagar los gastos y con lo que el ganaba, se lo gastaba para sus propios beneficios. Así iniciaron los problemas de la pareja, Marlenis le reclamaba a Claudio por no cooperar en casa y Claudio le decía a ella que era una mujer egoísta, porque ella bien podía seguir corriendo con los gastos, como si el no estuviera ahí.

Entonces Marlenis comprendió, que Claudio no iba cambiar su perspectiva de la situación, porque prefería que ella usara de su dinero, mientras que lo que el ganaba, sería usado para gastos personales de él. Ella entendió que había mal acostumbrado a Claudio.

Marlenis no quiso exigirle mucho a Claudio, con temor de que la abandonara, ella temía volver a quedar sola, aunque le haya mostrado a ella que se interesaba más por lo que tiene y no por lo que ella es.

"Antes de decidir con quien unirte, primero conócelo más a fondo, no te dejes llevar por su apariencia, ni por su contextura y te evitarás días de amarguras".

ANÁLISIS DEL CASO #9

1. Ubicar el lugar donde se originó el problema.

R- El problema en este caso se originó en Marlenis, por mal acostumbrar a Claudio a no esforzarse más.

Consejo: El miedo de perder a una persona, hace que se tomen decisiones equivocadas.

2. Determinar qué tipo de Comunicación fue utilizada antes del Conflicto?

R- Marlenis utilizó, una comunicación abierta de forma verbal para comunicarle a Claudio que ya era momento de conseguir un empleo.

Consejo: Nunca se le debe quitar la responsabilidad a un hombre, esta bien poder ayudarlo en un momento donde el esfuerzo que hace no le salen bien, pero ayudarlo teniendo el conocimiento que no hace su mayor esfuerzo en superar sus problemas es mal acostumbrarlo.

3. Analizar el primer error cometido por uno de los dos.

R- El error lo cometió Marlenis, al soportar la actitud, poco comprometida de Claudio en ayudarla con los gastos de la casa.

Consejo: Toda persona que tiene buen flujo de dinero, y logra conseguir una pareja mas joven, el 90% de los casos es porque esta detrás de su dinero y no por sentimiento, la mayoría de las veces el dinero que le da a esa persona se la gasta en otra relación oculta que tiene.

4. Definir a quien le faltó entender la Comunicación enviada.

R- A Claudio le faltó entender que Marlenis

estaba incomoda con su actitud poco importa con los gastos básicos de la casa.

Consejo: Cuando mal acostumbras a una persona y luego quieres intentar cambiarla, ya será demasiado tarde.

5. Analizar lo que la pareja le intentó comunicar en ese momento.

R- Claudio le dio entender a Marlenis, Acéptame como soy o déjame.

Consejo: Literalmente Claudio le dio a entender que él estaba dispuesto a quedarse con ella, si no lo hostigaba con los gastos de la casa. Cuando te encentres en una situación semejante, no tengas miedo de quedarte sola(o), es mejor así que estar mal acompañado.

6. En qué momento fue sembrada la Cizaña.

R- Fue sembrada en el momento que Claudio se enteró que Marlenis mostró interés en él.

Consejo: Cuando muestras mucho interés en una persona, la mayoría de las veces utilizarán ese sentimiento para aprovecharse. Es por esa razón que te recomiendo que nunca seas el cazador, sino la presa para que despiertes un verdadero interés en alguien.

7. Que Elemento del Pilar fue afectada y que cizaña fue sembrada en la otra parte?

R- La confianza, fue unos de los elementos afectados en esta situación, trayendo consigo una situación de desconfianza.

Consejo: De seguro lograste oír que: "No todo lo que brilla es oro", pues créelo que es así.

8. Que acción o acciones crees que le molestó a la otra parte?

R- A Marlenis, le molestó reconocer que Claudio no estaba con ella por sentimiento, sino por interés.

Consejo: Nunca es bueno demostrarles a las personas lo que tienes, porque después se enfocan en lo material y no en lo sentimental.

9. Identificar cuántos tipos de elementos del pilar han sido afectadas y que tipos de cizaña han sido sembradas en este conflicto." Explíquelo".

R- En esta ocasión se afectaron dos elementos, la confianza que sembró desconfianza como habíamos mencionado, y el conocimiento por parte de Claudio que sembró apatía en él.

Consejo: No te esclavices a una persona que solo

esta contigo por lo que le puedas ofrecer, valórate y decide buscar tu felicidad a lado de alguien que realmente sienta la necesidad de ti.

10. Cuál fue el origen real que ocasionó todo el Problema y como pudo ser evitada.? (Resolver esta Pregunta será la Clave principal para evitar cualquier Conflicto en el futuro).

"Arranca Hoy el mal árbol desde su raíz; para que Mañana no tengas la desdicha de comer de sus frutos".

CAPITULO 14

CASO #10
ISABEL Y PETER

Una ayuda que trae más problemas

"Es muy bueno tener una pareja que sirva como tu ayuda idónea, pues para eso la creó Dios, pero muchas veces la mejor ayuda que se le puede ofrecer a una persona es no tratar de ayudarla."

Sin duda alguna todos estamos expuestos para ser ayudado en un momento dado, y solo la soberbia sería capaz de no aceptar una ayuda, siempre es necesario recibirla ya sea, física, espiritual o económicamente, nadie está exento a la necesidad de recibir ayuda.

Este es el caso de Isabel y Peter, dos parejas con más de 5 años de estar casados, Peter siempre ha considerado que él debe llevar la responsabilidad de los gastos en la casa, Isabel siempre se encarga de cuidar de ella y atender a los dos hijos que tienen, ella en realidad se le hacía muy pesado atender su hogar como cualquier ama de casa(Cuidar de la casa es el trabajo más completo y exhausto que pueda existir hasta hoy, no se descansa, es un trabajo de 24 horas, Hay que ser de maestra, enfermera, cocinera etc.) limpiando, lavando y más. Siempre había querido ir a trabajar para olvidarse de los oficios de la casa y contratar una empleada. Peter trabaja independiente en un taller de mecánica, es un emprendedor y decidió montar su

186

propio taller, su ingreso depende de las reparaciones que él logre hacer y entregar en su tiempo, no siempre los meses son buenos, hay momentos en el que los ingresos se elevan y otros momentos en el que bajan, (todo los que inician un negocio sabe que deben venir temporadas buenas y temporadas mala, solo hay que estar preparado para las temporadas malas). Eso lo sabía perfectamente Peter, pero ya con los años de experiencias había logrado entender sus temporadas buenas y malas, así que no le causaba mucho estrés esos momentos, él procuraba no endeudarse para no tener salidas de dinero innecesarias. Él logró adaptarse según la situación que se le presentase, el negocio de Peter le permitía cumplir con el pago de los servicios básicos, la alimentación y la hipoteca, también le daba a su esposa para que se atendiera en el salón de belleza y para que pasara de vez en cuando a comprarse vestido para ella y los hijos.

En un tiempo donde la temporada bajaba, Isabel al ver a su esposo que trabajaba y el solo llevaba la carga de la casa, vio una gran oportunidad para proponerle a Peter que le permitiera conseguir un trabajo y ayudarlo en los gastos del hogar. Peter no estaba muy convencido, porque para él era más importante que la madre cuidara de sus hijos, y fuera ella la que le diera los valores y ayudarlos en sus estudios, además los niños estaban muy pequeños, la mayor tenía 5 años y el bebé apenas un año. Ella le explicó el plan que tenía si ella lograba trabajar. Peter le preguntó cómo haría para cubrir su puesto en la casa y de qué manera ella podría ayudarlo con los gastos.

Isabel le dijo que ella podía hacerle frente al 50% del pago de la hipoteca, asumiría sus propios gastos en el salón de belleza y con la compra de vestidos para ella y los niños y él solo se preocupara por cancelar los otros 50% de la hipoteca y los servicios básico, la alimentación, y la colegiatura.

Peter le preguntó a Isabel que, si estaba segura de todo lo que estaba diciendo, porque unas cosas son los planes otra es llevarla a cabo como uno se lo imagina, muy segura de ella misma le respondió que sí. Peter le pregunta y quien atenderá la casa, y a los niños?, Isabel le dijo que también tenía pesado contratar una empleada.

Peter no estaba muy de acuerdo con Isabel, pero para no limitarla en sus deseos, accedió dejándole muy claro, que él estaba agradecido con la iniciativa que ella había tenido para ayudarlo, que en estos 5 años él ha podido llevar solo la carga y no le pesaba seguir haciéndolo, pero que tuviera claro que si no funcionaba y las cosas no salían como ella esperaba entonces que desistiera voluntariamente a la idea.

Ella aceptó la condición que él le puso, salió a llevar varios curriculum y al cabo de un mes la llamaron para una entrevista y la aceptaron. Isabel inició a trabajar y contrató a una empleada primeramente para que la ayudara en la casa.

Cuando llegó su primera quincena, a Isabel solo le alcanzó para pagar la hipoteca como había quedado con Peter, y cancelarle a la empleada, porque aún el taller se encontraba en las temporadas bajas. Peter sonreído le dijo muy bien, la felicitó y ella estaba muy contenta por poder ayudar a Peter y siguió motivada. Después que hubo pasado 2 meses en el trabajo que había conseguido, Isabel solicitó un préstamo a una persona que se dedicaba ofrecer dinero a los compañeros al 20% de interés, porque no le alcanzaba para el salón de belleza, ni para los otros gastos. Todo lo invertía en la hipoteca y el pago de la empleada.

Luego a Isabel le llegó ofertas de tarjetas de crédito, al año de laborar en la empresa, aplicó en dos bancos y se las entregaron. Ella no le comentó nada a Peter, porque sabía que el odiaba las deudas, pero ella pensaba que podía mantener el control de las mismas para ayudarse con los gastos y porque quería llevar a los hijos de compra y a divertirse. Ahora cuando llegaba la quincena, Isabel no solo debía cancelar la hipoteca, sino a la empleada y al prestamista, ya estaba en un colapso financiero, solo trabajaba para cancelar deudas y no se atrevía decirle a Peter que se estaba hundiendo en deudas, y que crecían cada vez más.

Una tarde Isabel recibe una carta de parte de la empresa, donde le agradecían por sus servicios prestados, y la culminación del contrato.

Ahora Isabel se encontraba en un gran apuro, la liquidación que le correspondía, no era suficiente para cancelarle al prestamista, sino solo los intereses, solo le alcanzaría para pagar su parte de la hipoteca y solo la mitad a la empleada. No le quedó de otra manera que comunicarle a Peter lo que estaba sucediendo, ella estaba muy triste y llorando porque sentía que en vez de ayudar lo que hizo fue crear una deuda más a Peter.

Por un momento Peter se molestó con Isabel, por haber pedido un préstamo sin haberle notificado, y ahora él debía de asumirla, ya el taller estaba empezando a volver a sus niveles de producción, pero aún no podía cancelar esa deuda, solo podía cancelar los intereses mientras el taller pudiera pagar ese compromiso. Peter le dijo a Isabel que iban a tener que llevar esa deuda por unos meses, porque el dinero que él lograba generar siempre había estado presupuestado para los gastos del hogar y sus compromisos.

Pasaron Diez meses pagando intereses, antes de poder cancelar el préstamo que había solicitado en la empresa, le pidieron el favor al prestamista que congelara los intereses para poder ir abonándole al capital y el aceptó. En fin, ya había ganado buena parte de dinero en intereses y era una antigua compañera. Ahora faltaba cancelar las tarjetas de Isabel, solo podía con los pagos mínimos.

Ahora los ingresos de Peter no alcanzaban para pagar las deudas adquiridas por Isabel, ni los compromisos que ya tenía, siempre había que decidir que se debía de pagar y que no, estaban ahora sumergido en una deuda que no podían cancelar, a lo que fue llevando a Peter a entrar en el estrés y las discusiones con Isabel, por su negligencia e irresponsabilidad que les trajo toda esa cadena de deuda. Los bancos no dejaban de llamar por su dinero, y la relación entre los dos, empezó a deteriorarse porque las deudas crecían más, y Peter ahora no podía permitirse tener malas temporadas.

"Hay veces que la mejor ayuda que podemos ofrecerle a otros es no ayudarlo, porque por una buena acción que queremos hacer podemos convertirlo en un mar de problemas que antes no existía"

"Si Atraviesas por un mal momento, sigue caminando lo malo es el momento, no tú".

ANÁLISIS DEL CASO #10

1. Ubicar el lugar donde se originó el problema.

R- El problema inició en la idea de Isabel de querer ir a trabajar, con el propósito de evitar los quehaceres en casa.

Consejo: Es cierto que no hay trabajo mas completo y mas agotador que el de ama de casa. Pero también es el único con que te da el privilegio de estar con tus hijos y creándole buenos valores.

2. Determinar qué tipo de Comunicación fue utilizada antes del Conflicto?

R- Peter uso una comunicación abierta y verbal con Isabel.

Consejo: Si tu Pareja siente que puede con la

carga aún en los momentos difíciles, la mejor ayuda que puedes ofrecerle, es la atención esmerada, las palabras de aliento y hacerle saber lo orgullosa que estas de él. Eso motivará al hombre a reinventarse cada día más.

3. Analizar el primer error cometido por uno de los dos.

R- El error lo cometió Isabel al querer huir de la responsabilidad del hogar.

Consejo: Lo que otros desean poder hacer, hay quienes lo desprecian. Muchas personas quisieran quedarse en casa atendiendo a sus hijos. Valora la libertad que tiene, porque difícilmente se repiten dos veces.

4. Definir a quien le faltó entender la Comunicación enviada.

R- Isabel por estar concentrada en suplan, le

falto entender lo que Peter intentaba comunicarle.

5. Analizar lo que la pareja le intentó comunicar en ese momento.

R- Que no era necesario que ella se preocupara por conseguir un empleo, que para él más importante era el cuidado y educación de sus hijos con una figura materna.

Consejo: Es cierto que puede haber hombres machistas que no les gusta que su mujer trabaje por inseguridad, pensando que se conseguirá un amante o por miedo de su independencia hacia él, pero en muchos casos el hombre con buen pensamiento prefiere que sus hijos estén al cuidado de su madre.

6. En qué momento fue sembrada la Cizaña.

R- En el momento que Isabel consiguió empleo.

Consejo: Hay empleos que, en vez de convertirse en Bendición, se transforma en perdición.

Procura poner delante de Dios todos tus planes para que sea Él quien bendiga tu camino.

7. Que Elemento del Pilar fue afectada y que cizaña fue sembrada en la otra parte?

R- La planificación fue el elemento afectado en la decisión de Isabel, el cual fue sembrada la cizaña de la desorganización en la vida de Isabel.

8. Que acción o acciones crees que le molestó a la otra parte?

R- A Peter le molestó el hecho de que Isabel se hubiera endeudado a esa magnitud no solo con prestamistas, sino con los bancos.

Consejo: Aquel que es capaz de entender que la vida sin deuda se vive mejor, jamás caerá en la ansiedad de adquirir las cosas materiales por adelantado, sino que sabrá esperar y entiende que todo tiene su tiempo y las cosas buenas llegan a aquel que sabe esperar.

9. Identificar cuántos tipos de elementos del pilar han sido afectadas y que tipos de cizaña han sido sembradas en este conflicto." Explíquelo".

R- Los elementos afectado en esta relación fueron la Planificación por parte de Isabel, y el conocimiento, que trajeron consigo una desorganización en la finanza dentro de la relación, por la desinformación que fue sembrada en Isabel, a la hora de adquirir las deudas.

10. Cuál fue el origen real que ocasionó todo el Problema y como pudo ser evitada.? (Resolver esta Pregunta será la Clave principal para evitar cualquier Conflicto en el futuro).

"Arranca Hoy el mal árbol desde su raíz; para que Mañana no tengas la desdicha de comer de sus frutos".

CAPITULO 15

ORIGEN DEL PROBLEMA

En este capítulo, responderemos a la pregunta 10 de nuestro cuestionario de cada caso, para que puedan comparar las suyas con este libro, las conclusiones de las otras 9 preguntas son para un análisis de criterio personal, en cualquiera de los casos si deseas saber más podrás escribirme a mi blog, o al correo electrónico que está en la parte final del libro.

CASO # 1

Diana y Fernando:

En primer lugar, el problema se originó en **Fernando, por no tener claro el rol del hombre y de la mujer en el hogar.** (Si un hombre no cree llevar la responsabilidad total de un hogar, entonces mejor es que no piense en tener uno hasta que se sienta suficientemente responsable, para no obligar a su mujer a ocupar su lugar).

CASO #2:

Francisco y Paula:

en este caso el problema se origina en Francisco, por descuidar la necesidad de la pareja y darle una mala respuesta a Paula cuando ella le solicitó dinero la primera vez para arreglarse.

(La mujer es como una flor en un jardín, mientras más la atienda más hermosa se pone).

CASO #3

Ricardo y Yolanda:

El problema inicia con Ricardo, por no dejarle más opciones a Yolanda, por no ambicionar más en la vida, y al tener una mujer proactiva, es normal que ella busque su propia supervivencia por los suyos.

(Si quieres que una mujer sea un ángel, entonces bájale el cielo).

CASO #4

Rafael y Verónica:

El error más grande que comete el hombre a menudo, es gastar con mujeres, lo que no gasta con la suya.

(La vida tiene su propio KARMA, corrige lo que está mal, y nos da una buena lección que nos ayuda apreciar lo que despreciamos).

CASO #5

Willy y Rebeca:

Inicia por Willy, por procurar más en ahorrar y dejar de seguir llenando de detalle a su pareja, por lo más mínimo que parezca ese gesto hace que una mujer se sienta apreciada. (Un detalle siempre nos llegará en un momento y no se podrá rechazar, según la manera y propósito que se ofrezcan, la mayoría de las veces son ofrecido supuestamente sin desear nada a cambio, o por agradecimiento. Tanto el

Hombre como la mujer deben estar pendiente de hacerle regalos y detalles a su pareja).

CASO #6

David Y Patricia:

Claramente el problema se origina en el vicio oculto que tenía David. (Los vicios, no solo se limitan al casino, sino al alcohol, droga, mujeres, es importante vencer los vicios para sostener un Pilar financiero Saludable y estables).

CASO #7

Britany y Emilio:

El problema fue originado por la misma Britany, por dejarse llevar por los placeres que le ofreció Emilio y no por su instinto que ya era notorio en Emilio que era dominante. (Es importante darle más tiempo al tiempo para que desenmascare el verdadero Yo en las Personas).

CASO #8

Iván y Keyla:

El origen de todo, fue de Keyla por amar más el dinero que a su pareja. (La raíz de todo mal, no es el dinero, sino el Amor al dinero).

CASO #9

Marlenis y Claudio:

El problema se originó en Marlenis, por no generar presión en Claudio, y dejar que la apariencia y juventud de Claudio influyeran. (No mires lo hermoso, ni lo alto de su parecer, porque seguramente solo es apariencia y nada de sentimientos).

CASO #10

Isabel y Peter:

El problema se originó en Isabel, por intentar huir de los quehaceres en casa, y adquirir deudas

sin tener un trabajo permanente. (Hay momento en la vida donde deseamos ayudar en la relación, pero no siempre sale como uno espera, y quedamos dañándolo más.)

CAPITULO 16

PATRONES DE ENDEUDAMIENTO

Es importante saber que todos los bancos, necesitan endeudar a la gente para poder tener control sobre ellos. Adquirir una deuda siempre se inicia por la misma serie de patrones en las personas con poco conocimiento en finanzas.

1.Primero siempre estamos conforme con lo que ganamos y nos manejamos según nuestros ingresos.

2.Luego nosotros mismo creamos una necesidad, que en realidad nunca lo fue hasta que vimos a nuestros amigos, compañero o familiares tenerlo.

3.Iniciamos con los créditos, porque pensamos que son una letra pequeña y no tendremos problemas de pagar.

4.Luego aparece una necesidad real que no ponemos pasar por alto, y por utilizar nuestro recurso para atender las necesidades que nosotros mismos nos creamos, no tenemos espacio para afrontar la que realmente es una necesidad.

5.Es entonces donde vemos más factible pedir un mayor préstamo, sin saber cómo lo vamos a cancelar, pero pensamos que lo primero es resolver y luego pensar como cancelamos.

6.La ansiedad de adquirir las cosas materiales sin querer esperar el tiempo de Dios, es lo que causa caer en deudas impagables.

7.Una vez que adquieres deuda, pierdes la paz interior y das lugar al estrés, la desesperación y la inseguridad. Y no puedes ni siquiera pensar en dejar de trabajar ningún solo día, por causa de la deuda.

CAPITULO 17

COSEJOS DE FINANZA EN LA RELACIÓN

1.No compres nada que no necesites. (Antes de comprar algo, Yo he aprendido hacerlo con la cabeza fría, medito si lo necesito de verdad o solo es por emoción y luego decido.)

2.No inviertas en negocio que no conoces. (Invertir en un negocio, donde no se tiene idea de nada, es como intentar meterse a la piscina sin saber nadar)

3.Siempre comunícale a tú pareja si piensas adquirir en una deuda. (la comunicación antes de la deuda es lo mejor en la pareja, porque si logra suceder algo imprevisto los dos podrán enfrentarlo juntos sin culpar a nadie.)

4.Intenta no comprar nada a crédito. (Hay un dicho que dice, que para obtener algo hay que endeudarse, yo pienso lo contrario, sino puedo pagarlo entonces lo abono, o ahorro para adquirirlo, porque de igual manera el crédito tendrías que pagarlo multiplicado por tres).

5.Escapa de las tarjetas de crédito. (son una solución hoy, pero un problema mañana.)

6.Si vas adquirir una deuda, que sea una buena. (Hay deudas buenas y deudas malas, las buenas son las que utilizarás para meter dinero en tu bolsillo y con ella misma cancelar la deuda. (Ejemplo: Inversión) y las deudas malas, son las que te sacarán dinero de tu bolsillo, y a la final debes cancelarla con tu propio dinero. (Ejemplo: Remodelación, compra de equipo de sonidos, viajes, vacaciones etc.)

7.No compres todo lo que sale por internet. (La compras por internet se convierte en un vicio, como no usas efectivo, usar la tarjeta se te hace más fácil, y no sientes el gasto, hasta fin de mes cuando llegan las cuentas).

8.No compres todo lo que sale en el televisor. (Los anuncios están diseñados para convencer a las personas utilizando neuromarketing) es decir que engañan a tu mente.)

217

CONCLUSIÓN

Si logramos ver en todas las historias, la responsabilidad total de la finanza en la relación corresponde al Hombre. Las mujeres tienen la opción de trabajar y ayudar en los gastos, pero no es su obligación mientras vivan con un hombre responsable.

Yo le aconsejo a las mujeres, que antes de ir a vivir con un hombre, recuerden que todos mostramos nuestra mejor imagen, nos volvemos políticos prometiendo, y de igual manera faltando a las promesas. No solo se fijen en su apariencia, sino en sus metas y ambiciones, conócelo a fondo, hazle pregunta y sobre todo procura que ya esté trabajando. (Recuerda que no solo de amor se vive).

A los hombres le aconsejo, que cuiden a la mujer que decidió ir a vivir bajo el mismo techo, porque al hacerlo, ellas están apostando todo por ti. No te la lleves para que la trates como empleada, sino como vaso más frágil. Procura que tus semillas sean las mejores en su jardín y te dará los frutos que tu espera.1 PEDRO 3:7

"Si tus semillas son Buenas, entonces sus frutos también lo serán"

EPÍLOGO

Todo debemos entender que si se lleva bien las Finanzas vamos a disfrutar de una buena relación Saludable y Estable.

Se disciplinado y te ahorraras días de amargura y estrés.

AGRADECIMIENTO

Agradecer a Dios, primeramente, que me dio la experiencia y facultad para redactar este libro, para ayudar al hombre y a la mujer a cumplir con su deber conyugal.